個人所得税の改革と展望

マーリーズ・レビュー提案を中心に

大澤美和著

泉文堂

はじめに

経済活動のグローバル化や情報化が急速に進展する21世紀の開放経済の下で，先進諸国は人口の少子高齢化，所得格差の拡大，財政構造の悪化，等々の問題に直面している。各国は国民経済の適切な経済成長率を確保しつつ，これらの問題に的確に対処する必要に迫られている。こうした経済社会の状況の下で，国民生活の維持向上を図るため，財政の果たすべき役割は極めて大きく歳出・歳入の両面の改革が不可避である。少子高齢化の進展により社会保障負担が増大する中で，歳入の弾力性は著しく低下しており，経済成長への貢献，所得分配の不公平の是正等を狙いとした税制改革は各国において喫緊の政策課題となっている。

こうした折り，英国のシンクタンクIFS（Institute for Fiscal Studies）は21世紀における英国の経済社会や財政，税制等の状況に鑑み，税制改革案として，マーリーズ・レビュー（*The Mirrlees Review : Dimensions of Tax Design*［2010］，*Tax by Design*［2011］）を公刊した。英国がスタグフレーションの渦中にあった1978年にIFSはミード報告を刊行し，直接税の総合消費税を提案した。しかし，ミード報告から30年以上が経過した21世紀において，英国税制は戦略的にデザインされておらず，むしろ一貫性のない断片的な変化を示してきている。こうした英国税制を抜本的に改革する必要性に鑑み，IFSは1980年代以降における英国の経済や社会情勢の変化を踏まえ作成された抜本的な税制改革案であるマーリーズ・レビューを公刊したのである。

マーリーズ・レビューは，グローバル化の進展とその負の側面が顕在化する中で21世紀の開放経済に相応しい税制の構築のため，必要な特徴を検証し望ましい英国税制の構築に向けた改革案を提示している。個人所得税や法人所得税，付加価値税（VAT），資産課税，地方税等多岐に亘る提案をしているが，英国税制に焦点を置いていることは言うに及ばず，各国の税制改革にも妥当するようにデザインされている。マーリーズ・レビューは多くの新しい知見を提示しており，各国の税制改革に関して極めて示唆に富む提案である。

さて，財政の果たすべき機能は資源配分，所得再分配，及び経済安定化の三機能である。財政収入の根幹をなす租税の機能は財政の機能の部分集合である。租税の本源的機能は公共サービス供給のための財源調達機能であるが，所得や富の格差是正を狙いとする所得再分配機能，及び雇用水準や物価水準等の安定を確保する経済安定化機能とも大きく関わっている。

こうした租税の機能を遂行するため，在るべき税制と現実の橋渡しの原則が租税原則である。租税原則は，A. スミスの４原則，A. ワグナーの４大原則９小原則，R. A. マスグレイブの６条件などがあるが，各時代の経済社会の状況を反映し力点の置き方が異なる。現在では，各国の税制改革の理念として公平，中立，簡素に収斂している。マーリーズ・レビューは，こうした税制改革の理念を租税システム全体，さらに財政システム全体において考慮し，望ましい税デザインの構築を実現すべき旨を提案している。

個人所得税は，財源調達に優れると共に，超過累進税率や所得控除などの採用により所得再分配機能を担い，さらにビルトイン・スタビライザーなどの経済安定化機能を有している。租税原則の点から個人所得税をみると，垂直的公平の確保や財の選択に関し中立的であり資源配分の効率性にも資する租税である。個人所得税は各国の税制において中心的な位置を占めており，今後ともその重要性は変わらないであろう。

こうしたことを踏まえ，本書では，マーリーズ・レビュー提案を中心に，租税の機能や税制改革の理念と関連の深い個人所得税，特に労働所得税の改革を考察し，今後のあるべき個人所得税制度を展望する。本書の論の展開は，以下の通りである。

序章「分析の視点」は，本書における分析の枠組みを述べており，次章以下のプロローグである。租税の機能や税制改革の理念，及びこれらに関するマーリーズ・レビューの視点を考察している。

第1章「マーリーズ・レビューの概要」では，マーリーズ・レビュー提案の背景，ミード報告後の英国税制，望ましい税制構築のため，マーリーズ・レビューが掲げる改革理念，及び政策的含意といった改革案の内容を考察する。

第2章「総合課税と分離課税」では，所得概念や課税ベースに関して論じた上で，総合課税，分離課税，及び二元的所得税の観点から望ましい個人所得課税のあり方を検討する。

第3章「労働所得税をめぐる論点」では，労働所得税の最適性の観点から，労働所得税の経済効果や超過負担，及び所得再分配効果を考察する。さらに，望ましい限界税率や低所得層に対する課税と給付に関して論じる。

第4章「資本所得税のあり方」では，資本所得税に関する種々の論を批判的に検討し，マーリーズ・レビューにおける資本所得税の提案を考察する。そして各国の資本所得税の現状を概観する。

第5章「労働所得税と給付付き税額控除」では，各国における給付付き税額控除導入の背景，その仕組み，及び実情について考察し，日本への示唆を検討する。

第6章「労働所得税と給付の統合」では，低所得者に対する断片的な給付に対する代替案である統合家族支援を中心に，税制と給付の統合について論じる。

第7章「個人所得税と“Tagging”」では，Taggingによる税デザインの提案に関して，ライフサイクルと就労インセンティブの観点から，学童のいる母親と退職年齢の人々について考察する。

最後に「結び」においては，これまでの分析の要点を述べ，その後に日本における税制改革に対しマーリーズ・レビュー提案が示唆するものを考察する。

本書の執筆にあたり多くの方々から，御指導，御助言をいただいた。千葉商科大学大学院政策研究科博士課程では，指導教授の栗林隆教授をはじめ，石山嘉英名誉教授，齊藤壽彦名誉教授，小倉信次名誉教授には演習等において，懇切丁寧なご指導を賜った。他に多くの方々より貴重な助言をいただいた。先生方から授かった学恩は計り知れず，心より感謝申し上げる。

本書の出版にあたり，ご尽力をいただいた泉文堂の佐藤光彦氏には厚く御礼を申し上げる次第である。

2020年 9 月

大 澤 美 和

個人所得税の改革と展望

マーリーズ・レビュー提案を中心に

目　　次

はじめに

序　章

分析の視点

第１節　租税の機能と個人所得税

財政の機能はR. A. マスグレイブによって，資源配分の調整，所得や富の再分配，及び雇用や物価の安定といった三機能である旨が定式化されている[1]。それぞれの機能は「広義の市場の失敗」，すなわち効率，公平，及び安定に関わる市場の失敗に対応している[2]。資源配分機能はミクロ経済学における狭義の市場の失敗への対処であり，公共サービスの供給や，外部性への対応，経済成長等を担う機能である。所得再分配機能は，歳入面では累進的な所得税や相続税等により，歳出面では社会保障関連支出等によって，所得や富の格差を是正する機能である。経済安定化機能は，雇用や物価等の安定を確保する機能である。

租税の機能は財政の機能の部分集合であり，同様に資源配分（財源調達等），所得再分配，及び経済安定化の三つの機能を有している。政府部門は家計と企業から強制的に徴収した租税を主な財源として各種の公共サービスを供給しているが，その財政需要を賄うためには膨大な財源が必要となる。租税収入が財源調達手段の根幹となるべきことは自明の理である。したがって，租税本来の機能である財源調達の遂行を基本としつつも，所得や富の分配の公平性，雇用や物価の安定性をどのように確保するかは，各国共通の租税政策の課題である。人口の高齢化や所得格差の拡大等に対処するため，社会保障関係費などの義務的経費が膨張傾向にある中で，タックス・ミックスにより必要な税収を確保す

1　Musgrave，R. A.［1959］pp. 3－27.

2　能勢哲也［1986］11頁，伊藤元重［2001］3－5頁，入谷純［2008］18－20頁，を参照。

ると共に，租税の超過負担を最小化することが各国政府にとって大きな課題となっている。

租税の本源的な機能は財源調達であるが，所得や富の格差を是正する所得再分配機能も極めて重要である。個人所得税は財源調達に優れると同時に，超過累進税率や各種控除等の採用による所得再分配機能を担っている。各国において所得格差が拡大傾向にある折り，所得再分配機能を十分に発揮すべく個人所得税の再構築が求められている。また，個人所得税は経済安定化政策，すなわち有効需要の操作手段として裁量的財政政策及びビルトイン・スタビライザーとしての役割を担っている。他方，個人所得税は，効率性と公平性の間にトレード・オフ関係を発生させる。マーリーズ・レビューは労働（勤労）所得税においてこのトレード・オフを最小限に止め，効率性と公平性を同時に達成する改革を提案している。

第２節　税制改革の理念

望ましい税制を構築する際に，税制の依るべき指針となるものが租税原則であり，税制改革の基本理念である。米国における1984年の公平，簡素及び経済成長のための税制改革（大統領に対する財務省報告）における理念は，公平，中立，簡素のことであり，税制改革において準拠すべき実践的な租税原則である。この米国における税制改革は，各国に大きな影響を及ぼしてきている。

A. スミス以来，租税の負担配分はまず公平でなければならないとの考えが支配的であるが，公平の概念は人々の価値判断に依存する面が強く，また基準が曖昧になることは否めない。公平に関しては，等しい担税力の個人は等しい税負担をすべきとの水平的公平と，異なる担税力の個人は異なる税負担をする旨の垂直的公平の両面から考える必要がある。

一方，家計や企業の経済行動に影響を与えない中立的な税制が，資源配分の上で効率的な税制である。政府の財源調達手段の根幹をなす租税の賦課は家計の消費行動や労働と余暇の選択，及び企業の生産活動を歪める可能性がある。

こうした租税の賦課による代替効果の発生は家計に実際の租税負担額を超える負担，すなわち超過負担を生じさせるが，この超過負担を最小化することは税制構築の際の大きな課題である。しかし，資源配分の効率性の確保を優先すると，公平性が阻害される傾向にあり，両者の間にはトレード・オフ関係が不可避である。したがって，現実の税制構築に際して，いかに公平性と効率性のバランスをとるかが課題となる。

第3の簡素の原則も良い税制の必要条件である。税制をできるだけ簡素にし，納税者が理解し易いものとすると共に，税務行政費はできるだけ最小にすべきとの原則である。公平性を求めると税制は複雑になる傾向にあるが，簡素な税制は資源配分の中立性に資すると言える。

第3節　各国における税制改革案とマーリーズ・レビュー

第2次世界大戦後の各国における主要な税制改革案をみると，その基本的な理念のウェートの置き方は当該時代の経済社会の状況を反映したものとなっている。税制改革は時代背景によって，公平にウェートが置かれる場合と効率にウェートが置かれる場合がある。国民経済が順調に成長している場合には公平性に重点が置かれ，景気が沈滞している際には中立性が重視される傾向にある。これまで，多くの国々で税制改革案が作成されたが，いずれも当該国の経済社会の実情を反映している。

第2次世界大戦敗戦後の日本におけるシャウプ勧告（*Report on Japanese taxation by Shoup Mission*, 1949, 1950）は，第1次，第2次勧告と2度に亘ってなされたが，その大部分が1951年度の日本税制の中で実施され，戦後の日本税制の出発点となった[3]。

カナダにおけるカーター報告（*Report of the Royal Commission on Taxation*, 1966）は，カナダの経済が順調に成長していた時期であり，課税における公平

3　石弘光［2008］154－157頁。

性にウェートを置いた税制改革案であった。

英国のミード報告（*The Structure and Reform of Direct Taxation : Report of a Committee Chaired by Professor J. E. Meade*, 1978）や米国の財務省報告（*The President's Tax Proposals to the Congress for Fairness, Growth and Simplicity*, 1985）は，いずれも両国の経済がスタグフレーション（景気沈滞化の物価上昇）の状況にあった時期である。したがって，供給面を充実させ経済成長を促進すること，すなわち，経済活動に対する中立性を重視した税制改革が要請されたのである。

2010年及び2011年に英国のシンクタンクIFS（Institute for Fiscal Studies）は，21世紀における英国の経済社会や税制の状況に鑑み，税制改革案，すなわち，マーリーズ・レビューを公刊した。IFSは1978年にミード報告を公刊し，直接税の総合消費税（general expenditure tax）を提案した。しかし，英国税制はミード報告の後，約30年が経過した21世紀においてもなお戦略的なデザインというよりむしろ一貫性のない断片的な変化を示してきている旨を指摘し，このような英国税制を抜本的に改革する必要性に鑑み，IFSは1980年代以降の経済，社会情勢の変化を踏まえ，マーリーズ・レビューを公刊した。

マーリーズ・レビューの使命は，21世紀の開放経済に相応しい税制構築のための特徴を検証し，望ましい英国税制の構築を狙いとした改革案を提示することにある。ミード報告は財の選択に中立（効率）的な直接税に焦点を置いたが，マーリーズ・レビューは租税システム全体，及び歳出を含む財政システム全体において望ましい税デザインの構築を実現すべき旨を提案しており，英国税制に焦点を当てていることは勿論であるが，各国の税制改革にも妥当するように配慮されている。マーリーズ・レビューは，財政システム全体において，効率と公平を同時に達成することを狙いとして，税額控除制度と社会保障制度を統合することを提案している。

第4節　マーリーズ・レビューの改革理念

マーリーズ・レビューは，税制全体において，累進的で中立的な租税制度の構築を要請している。すなわち，公平，中立（効率），簡素，及び環境といった観点から提案しており，税制全体で租税原則の実現を目指したものである。こうした観点から，特にマーリーズ・レビューの個人所得税に関する勧告は，英国はもとより，日本等に対しても示唆に富む内容であり，今後の個人所得税，とりわけ労働所得税のあり方を考察する際の指針になると考えられる。

英国における主要な税収科目は，個人所得税，法人所得税，及び付加価値税（VAT）であり，この3税目で国税収入の約8割を占めている。英国の2009年度における国税収入に占める個人所得税の割合は約4割であり，財政収入の点で重要な位置を占めている。個人所得税は税収における地位も然ることながら，租税の機能はもとより，公平，中立，簡素といった租税原則と最も関連の深い租税である。

ほとんどのOECD（経済協力開発機構）諸国において，労働所得税は他の税目より多額の税を収納している。給付及び税額控除制度と並び，労働所得への課税は高所得世帯から低所得世帯への再分配の財源となっている。各国の租税収入の中で，重要な地位を占める個人所得税の根幹をなす労働所得税を考える場合，資本所得の考察は不可避である。資本所得は資源配分の効率性や二重課税の回避等の観点から非課税にすべきとの議論もあるが，高所得者ほど資産の保有水準が高く，また資本所得は担税力もあり，公平性の点から非課税という選択は非現実的である。

マーリーズ・レビューは，その主な関心が社会的厚生の最大化にあることを強調しており，その狙いは税制と給付制度において効率と公平をバランスさせるための原則を打ち立てることである。経済社会のグローバル化が進展する中で，税制及び社会保障制度における効率性と公平性の確保が喫緊の課題となっているが，欧米諸国の多くは就労インセンティブの強化と所得再分配を狙いとした給付付き税額控除制度の導入により対処してきている。しかし，マーリーズ・レビューは，英国では，近年における改革にもかかわらず，所得税制と給付制度が就労に対する深刻なディスインセンティブを与えていると指摘し，また給付制度の複雑さにも言及し，租税・給付構造は直ちに変更されるべきであるとし，統合家族支援を提案している。

第５節　労働所得税と給付制度

マーリーズ・レビューは，租税と給付制度の新たな改革プランとして統合家族支援（Integrated Family Support）と呼ばれる新しいプログラムを提案している。労働所得税の改革において，トレード・オフが不可避とも言える所得再分配と就労インセンティブの両者を同時に達成する方策があると述べている。Tagging（納税者の特定の属性）に基づく税デザインは就労インセンティブに対する人々の反応，世帯員の年齢ごとに異なる反応を利用する改革である。これは税・給付制度に対して最も大きく反応する人々の就労ディスインセンティブを最小化することにより，効率性の改善を図ろうとする考え方であり，学童のいる母親と退職年齢の人々に影響を与える税・給付制度に関する改革を提案している。

グローバル化が進展し，その負の側面が顕在化する経済社会の中で，人口の少子高齢化，財政構造の悪化等の問題に対処するにあたり，各国において税制の果たす役割は極めて大きくなってきている。「労働所得税のあり方」や「税制と社会保障制度の統合」，「資本所得税のあり方」，「Taggingを利用した女性と高齢者の就労の促進」等マーリーズ・レビューの個人所得課税に関する提案は極めて示唆に富む内容である。

マーリーズ・レビューは，最新の経済理論と実証分析，そして税制改革の理念に基づいた現実的な税デザインを提案している[4]。税制をデザインする際に，課税における公平性や中立性を個々の税制において考えるのではなく，租税システム全体，さらに財政システム全体において考察すべき旨を強調している。税制の構築をシステム全体で考察すべきとの提案は，従前の税制報告書にはなかった画期的な提案である。ただ，こうした枠組みの中での税制パッケージの選択肢は数多くあり，そのフィージビリティーはかなり困難が伴うと思われる。しかし，この提案は十分に評価できるものであり，将来に亘って各国の税制改革の指針になるであろう。英国以上に少子高齢化が進展している日本における税制の再構築に関して，マーリーズ・レビューの提案は大きな示唆を与えるものと言える。

4　A. J. アウアバッハ教授はマーリーズ・レビューを次のように評価している。「マーリーズ・レビューは，経済理論・実証と現実の租税政策とを見事に調和させ，税制改革の諸原則を巧みに考察しており，その政策提案は高く評価できる。英国と同様の特徴と政策課題を有する米国などの先進国の租税政策にとって極めて示唆に富むものである。」（Auerbach［2012］p. 685.）。

森信茂樹教授は，最新の租税理論についてはマーリーズ・レビューが有益である旨を述べている｛財務省財務総合政策研究所「フィナンシャル・レビュー<特集>税制改革議論―OECDの議論やマーリーズ・レビューを踏まえて―」｝平成23年第１号（通巻第102号）2011年１月，１頁。

第1章

マーリーズ・レビューの概要

マーリーズ・レビューは，英国のシンクタンクIFS（Institute for Fiscal Studies）により1978年に公刊されたミード報告の後継報告書である。ミード報告はその後の英国税制に大きな影響を及ぼしてきたが，2010年と2011年に公刊されたマーリーズ・レビューも英国税制に大きな影響を与えている。

第1節では，ミード報告から約30年が経過した経済社会情勢の下で，マーリーズ・レビュー公刊の背景を考察する。第2節では，ミード報告後の英国税制に関して税収構造や税制改革等の観点から検討する。ミード報告は直接税に焦点を置いていたが，マーリーズ・レビューは租税システム全体（税制全体）として公平，中立，簡素等の租税原則を考慮した税制の構築を目指している。これらの原則を個々の租税で考えるのではなく，租税システム全体，さらに給付を含めた財政システム全体で考慮すべき旨を提案（勧告）している。第3節ではマーリーズ・レビューの理念を概観する。そして，第4節において政策的含意を通して，21世紀の開放経済に相応しい税制を構築するための改革案を検討する。

マーリーズ・レビューの提案は多岐に亘っているが，本書は個人所得税，特に労働所得税に焦点を当てている。

第1節　マーリーズ・レビューの背景

英国のシンクタンクIFS（Institute for Fiscal Studies）は，1978年に，公平性よりも効率性を重視し，直接税である総合消費税（支出税）を提唱したミード報告を公刊し，その後の英国税制に大きな影響を与えた。当時，IFSのディレクターであったディック・タバーン（Dick Tavern）は英国で実施された税制改革について「あまりにも長い間，……英国の税制改革は全体としての租税構造に及ぼす影響を考慮せずに，その場限りでなされてきた。結果として，英国税制の多くの部分は合理的なベースを欠いているように思える。矛盾する目標がランダムに実施され，そして特定の目標さえ矛盾する方法で遂行されてきている。」[1]と述べている。

この批判は，残念ながらミード報告から約30年経った現在（2000年代後半）もなお英国税制について真実であると，IFSディレクターのポール・ジョンソン（Paul Johnson）は指摘し「英国税制は重要な点においてミード報告の勧告を取り入れ展開されてきたが，戦略的デザインというよりも，むしろ一貫性のない断片的な変化の産物として存続している。また，英国税制は，それが機能する経済的，社会的，及び制度的な環境の大きな変化に対応するために苦闘してきた。」[2]と述懐している。

IFSは1980年代以降の経済活動のグローバル化，社会情勢の変化等を踏まえ，再び専門家委員会に英国税制に対する厳しい検証を求める機が熟したと判断し，優れた専門家による抜本的な税制改革案を公表した。その税制報告書が1996年にノーベル経済学賞を受賞したジェームズ・マーリーズ卿（Sir James Mirrlees）を座長として作成されたマーリーズ・レビューである。マーリーズ・レビューの使命は，21世紀の開放経済に相応しい税制を構築するための特徴を検証すること，とりわけ英国税制を望ましい方向に導くため，どのように改革すべきかを提案することであった。ミード報告は直接税に焦点を置いていたが，マーリーズ・レビューは租税システム全体に亘る考察を展開している。

マーリーズ・レビューは，論文集である*Dimensions of Tax Design*［2010］と税制改革案である*Tax by Design*［2011］がセットになっている。*Dimensions of Tax Design*は，税デザインの主要な領域に包括的且つ最新の状況を考慮した経済分析に基づいた論文集であり，最終報告書としての税制改革案*Tax by*

1　Meade, J. E.（chair）［1978］p. xi., Mirrlees［2011］p. v .
2　Mirrlees［2011］p. v .

*Design*に価値のある情報を提供している。*Tax by Design*の議論は，個人所得税や法人所得税，付加価値税（VAT），資産課税，環境税，地方税等に分類され，それぞれの税を単独ではなく租税システム全体として，公平，中立，簡素，及び外部性について考察している。

マーリーズ・レビューの意図は，当初から，税デザインの全体像を展望することであり，社会が税制に何を成し遂げることを望むのか，それを遂行する際の望ましい税制はどのように構築されるべきかを問うことであった。マーリーズ・レビューは最終報告*Tax by Design*において租税システム全体に亘るビジョンを展開し，望ましい改革案を提示している。英国税制に焦点を置いていることは勿論であるが，結論が各国に妥当するように考慮されている[3]。日本においても経済社会の状況に即した税制改革は喫緊の課題であるが，給付付き税額控除等についてマーリーズ・レビューから多くの示唆を得ることができる。

第２次世界大戦後，各国で多くの税制改革案が公表されてきた。年代順に挙げると，1949年日本のシャウプ勧告，1966年カナダのカーター報告，1976年スウェーデンのロディン報告，1978年英国のミード報告，1984年米国の財務省報告等がある。これらの報告書はいずれも当該国の経済社会の状況を反映した内容となっているが，包括的所得税を提案した報告書は，シャウプ勧告，カーター報告，及び米国の財務省報告であり，支出税を主張した報告書はロディン報告やミード報告である。マーリーズ・レビューは，ミード報告の後継報告書として位置づけられている。こうしたことを踏まえ，以下，ミード報告の特徴を考察する[4]。

1978年にノーベル経済学賞を受賞したジェームズ・ミード教授を座長とした委員会が提出したミード報告は，個人所得税から直接税の消費課税への移行を主張したものであり，所得税中心の直接税体系から支出税中心の直接税体系への改革案である。消費を課税ベースとする直接税改革は，税制に対する基本概念を変える新しい発想であり，1970年代から財政学界において注目されてきた

3　Mirrlees［2011］pp. v－vi.
4　貝塚啓明［1991］107－124頁。

支出税構想を現実的提案として体系化した画期的な内容であった。支出税は，個人（家計）が消費した支出額を申告し，それぞれの消費額に対して累進税率を適用するものである。もともと支出税は，J. S. ミルやI. フィッシャーにより提唱され，税制改革案として具体化したのは，N. カルドアである。基本的にはミード報告もカルドアの提案を受け継いでいると考えられる。支出税は課税最低限を組み込んだ累進税率が適用可能な直接税であるという点を評価すれば消費を課税ベースとする間接税としての付加価値税より優れていると言える。

租税理論の見地から注目される最大の点は所得よりも消費の方が課税ベースとしてより適切であると，ミード報告が主張している点である。その論拠は「将来を通じて同じ消費機会を持つ個人は，いわば同一の初期の資本化価値に見合う機会を与えられている」とみることである。「将来消費の割引現在価値がこのような機会を示す資本化価値であり，このような資本化価値が負担能力の定義として明確な定義となりうる」[5]という考え方からである。ミード報告は，スタグフレーションに陥っていた1970年代の英国経済の状況を反映したものである。

第２節　ミード報告後の英国税制

１　英国の税収構造

2008年度における英国政府の歳入予算は5,455億ポンドでGDPの37.3%である。これは成人一人当たり約10,900ポンドであり，人口一人当たりでは8,900ポンドである。租税及び国民保険料は5,166億ポンドを収納する見通しであったが，その他の歳入は国営企業の余剰金や国有財産収入等である。

1978年度以降の歳入総額と税収（租税及び国民保険料）の対GDP比の推移をみると，両者はほぼ同様の傾向を示してきている。歳入総額と税収の対GDP比をみると，1981年度の対1978年度増加率は，それぞれ，45%，38%まで急激

5　貝塚啓明［1991］117頁。

に上昇し，1980年代初頭から1990年代中葉までその比率は徐々に低下したが，その後再び上昇した。税外収入のシェアは，多くの国営企業が民営化された1980年代と1990年代にかけて低下した。そのため，2006年度における歳入総額の対GDP比は，1978年度の約40％から38％強へ低下したが，税収の対GDP比は33％から36％へ上昇した。

2010年における英国の国民負担率は，47.3％で，米国30.9％と日本38.5％より高いが，ドイツ50.5％，フランス60.0％よりも低くなっており，サッチャー政権以降の小さな政府指向が功を奏したと言える[6]。なお，租税負担率をみると，英国36.4％，日本22.1％，米国22.6％，ドイツ28.6％，フランス35.2％であり，英国が最も高い比率を示している。英国の国民負担率は租税負担率が高く，社会保障負担率が低いという特徴を有している。

2008年度における租税及び国民保険料の収納額は5,166億ポンドで，その内訳は所得税30.3％，国民保険料18.9％，付加価値税16.0％，法人税8.7％等であり，基幹税３税目と国民保険料で租税収入の４分の３を占めている。このように，税収構成比では，所得税が最も高い割合を占めているが，英国は所得税発祥の地であり，伝統的に所得税への傾斜が大きい。

これは，付加価値税を代表とする間接税への依存度の高いフランスとは対照的である。もっとも，近年，付加価値税収の比率は増大してきており，国民保険料に次いで第３位を占めている。第４位の法人税は，日本と比較すると，税収全体に占める割合はかなり低い。

2　1978年以降の税制改革

第２次世界大戦後，多くの国々で税制勧告，報告に類するタックス・リポートが作成され，税制改革を推進してきたが，いずれも当該国の経済社会の実情を反映している。マーリーズ・レビューが公表された2010年前後は経済のグローバル化が進展する中で，英国経済は停滞を余儀なくされ，直面する課題に

6　Mirrlees［2010］pp.4－5.

対して税制面からの対応が求められたのである。

(1) 主要な税制勧告とマーリーズ・レビュー

第2次世界大戦後の主要なタックス・レポートは，カナダのカーター報告（1966年），英国のミード報告（1978年），そして米国の財務省報告（1984年）等があり[7]，それに加えて，英国のマーリーズ・レビュー（2010年及び2011年）がある。これらは税制改革を遂行するために作成された実践的なタックス・リポートであり，一般に税制改革のビジョン，その狙い，そして具体的な税制改革案が盛り込まれ，税制改革の議論を深めるのに重要な役割を果たしてきている。

タックス・リポートは，米国のケースを除き，少数の専門家グループからなる特別の作業委員会で作成されている。ミード委員会及びマーリーズ委員会以外の作業委員会は，政府の公式の委員会で且つ外部の人々に委託された。ミード委員会とマーリーズ委員会は，英国政府と関連のない民間のシンクタンクIFSにより主宰された。

包括的所得税を勧告したカーター報告は全6巻2,695ページ，支出税を勧告したミード報告は単巻で533ページ，租税システム全体で理念を実現すべき旨を勧告しているマーリーズ・レビューは全2巻で1,880ページであり，質，量ともに優れた研究成果であると評価できる。

これまで，理論的にみて，カーター報告とミード報告が他に影響を及ぼすという点で大きな役割を果たしてきた。最も新しい税制勧告であるマーリーズ・レビューは，税財政制度全般に焦点を当てており，今後，長期に亘って税制改革の議論に資すると思われる。

(2) サッチャー政権の税制改革

① レーガン税制改革

レーガン大統領による1980年代における2度の税制改革は，米国のみならず，

---

7 石弘光［2008］162－164頁。

各国の税制改革に大きな影響を与えてきた。１期目の税制改革は景気刺激政策，すなわち，需要喚起政策であり，２期目の1986年の税制改革は供給重視の成長政策であった。この２期目は，公平，経済成長（中立），簡素の理念を掲げ実施された税制改革であり，その後の各国の税制改革に大きな影響を及ぼした。マーリーズ・レビューも公平，中立，簡素，及び環境をその理念として謳っているが，この点に関してはレーガン税制改革の基本理念を踏襲していると言ってよいと思われる。以下，レーガン大統領の税制改革について概観する。

レーガン大統領は，1985年５月「議会に対する公平，成長，簡素に関する大統領租税提案」と題する税制改革案を発表した。この大統領提案に基づき1986年10月に1986年税制改革法（Tax Reform Act of 1986）が成立した。同法に基づき税体系全般に関する抜本的な改革が行われたが，改革の内容は各種の租税特別措置を廃止することにより課税ベースを拡大し，15％と28％の２段階の所得税率を導入することで，所得税の累進性が大幅に緩和され，税体系を公平，中立，簡素なものとする改革であった[8]。1986年の改革は，基本的には，所得税を基幹税とした税制の枠組みを維持しつつ，各種の租税特別措置により侵食された課税ベースを包括的な課税ベースに戻すこと，それに伴う増収分を税率の引き下げ，累進性緩和により相殺する税収中立的な改革であった。

レーガン大統領の公平，中立，簡素の理念の下になされた税制改革は，その後の各国の税制改革に大きな影響を与えた。1989年の日本の税制改革も基本的にはこうした理念に基づいて実施されたものである。

②　サッチャー政権の税制改革

英国では，1979年に発足したサッチャー政権が大胆な経済政策を実施した。その狙いは，公共部門への資源配分を縮小し，様々な分野に対する政府の介入を最小限に止め，民間部門の活力を再生させることであった。つまり，資源配分における市場経済の優位性を旨とした政策の遂行である。サッチャー政権の改革は歳出を削減すると共に，投資及び労働インセンティブ向上のために直接

8　尾崎護［1993］49－52頁。

税を減税し，その税収減を補填するために間接税を増税することであった[9]。

1979年の税制改革の特徴は直接税から間接税への税体系の転換であり，具体的には，所得税及び法人税を減税し，石油収入税や付加価値税，個別間接税の増税が行われた。特に，所得税の大規模減税が実施され，税率構造のフラット化が進められた。税率11段階，基本税率33%，高税率83%であった所得税率は，それぞれ７段階，30%，60%に引き下げられた。さらに，人的控除の大幅な引き上げ，及び投資所得に対する税負担の軽減も組み込まれた。

1984年税制改革の特徴は所得課税から消費課税へのシフト，租税特別措置の整理や税制の簡素化等を狙いとした改革であった。所得税に関しては，人的控除やブラケットの引き上げ，投資付加税の廃止等による減税が実施された。

1988年の税制改革においては，所得税は，人的控除引き上げによる減税，及び税率を６段階から２段階とする大胆な簡素化が実施された。なお，所得税の課税単位は，夫婦単位から個人単位へと移行した。

このようにサッチャー首相の一連の税制改革の目標は，英国経済の停滞要因は政府部門の肥大化による民間活力の低下であるとの判断の下，経済の活性化を狙いとして，課税の中立性，及び簡素性を確保することであった。

3　所得税の税率構造

2008年度の英国税制は，1978年度と大きく異なる。所得税の基本税率が33%から20%へ引き下げられ，高税率は，勤労所得83%，不労所得98%から，両者とも40%へ引き下げられる等，累進性が緩和された[10]。貯蓄課税は度々変更され，国民保険料は徹底的に見直された。付加価値税（VAT）の標準税率は８%から17.5%になり，たばこ税等の個別消費税の税率も引き上げられ，そして気候変動税等が新たに導入されたが，一方では，酒税等の税率は引き下げられ，法人税は主要税率が52%から28%に引き下げられる等，数多くの改革が実施さ

9　尾崎護［1993］89－91頁。
10　Mirrlees［2010］pp.10－11.

れた[11]。さらに，地方税はレイト（domestic rates）から，コミュニティ・チャージ（community charge）を経て，カウンシル税（council tax）になった。

こうした一連の税制改革にもかかわらず，IFSは，英国税制が経済，社会，及び制度的環境に対応しえていないと判断し，租税システム全体として，公平，中立，簡素，及び環境を考慮した税制の構築を勧告（マーリーズ・レビュー）したと言える。

(1)　所得税の税率構造

所得税には，超過累進税率が採用されているが，サッチャー政権発足以後，税率構造のフラット化が推し進められた。それまで，25～83％の11段階であった税率構造は，1979年度25～60％の７段階になり，その後，数度の改革を経て，2008年度には20％と40％の２段階となった。

表１－１は，英国の勤労所得（earned income）税率の推移を示したものである。1978年度は，軽減税率25％，基本税率33％，高税率は40％－83％で，11段階の税率区分であった。軽減税率は1978年度に25％であったが，廃止，導入が繰り返され，2008年度に廃止された。基本税率は，1978年度の33％から低下傾向で推移し，2008年度に20％に低下した。1978年度に83％であった高税率は1988年度以降40％に引き下げられた。

1990年代以降，軽減税率，基本税率，及び高税率に関する主な改革をみると，1992年度は，それぞれ，20％，25％，40％で，1999年度に10％，23％，40％になり，2008年度に軽減税率は廃止され，基本税率20％，高税率40％となった[12]。

なお，利子所得と配当所得は異なる税率が適用されるが，その差異は僅かである。利子所得は基本税率20％，高税率40％で課税され，課税所得のうち最初の2,320ポンドは軽減税率10％の対象となった。配当所得は基本税率の限度ま

11　VATは景気対策として，2008年12月から13カ月間17.5％から15％へと引き下げられたが，2019年現在，法人実効税率は19％であり，主要国の中では低い方である。

12　2013年度から追加税率が設定され税率区分は３段階になった。2019年度は基本税率20％，高税率40％，追加税率45％である。

表1－1　英国の勤労所得税率（1978～2008年度）

%

年　度	軽減税率	基本税率	高税率
1978－79	25	33	40－83
1979－80	25	30	40－60
1980－81～1985－86	－	30	40－60
1986－87	－	29	40－60
1987－88	－	27	40－60
1988－89～1991－92	－	25	40
1992－93～1995－96	20	25	40
1996－97	20	24	40
1997－98～1998－99	20	23	40
1999－2000	10	23	40
2000－01～2007－08	10	22	40
2008－09	－	20	40

（出所） Mirrlees［2010］p. 12.

では10%で課税されるが，それを超えると32.5%が適用される。これは配当税額控除により相殺されるため，実効税率はそれぞれ０%と25%となる。これは，企業利潤を配当金として受け取った基本税率適用の納税者に対する二重課税が緩和されることを意味する[13]。

このように，ミード報告以降，英国の所得税は高税率の引き下げ及び税率区分の減少という形で頻繁に改革された。こうしたフラット化は税制の中立性と簡素性の強化ではあるが，累進度は低下し垂直的公平性の点では弱体化したのである。すなわち，所得税の機能の観点からみると，所得再分配機能と経済安定化機能（ビルトイン・スタビライザー）は低下したと言える。

⑵　納税者数と階層別所得税負担

2008年度において，成人人口約5,000万人のうち，所得税の納税義務者は３分の２以下のため，最低所得層の支援を狙いとした所得税率の引き下げは功を

13　Mirrlees［2010］p. 58.

奏したとは言えない。所得税納税者の総数は逓増したが，高税率対象の納税者数は1978年度の約３％から，2008年度には約12％まで急速に増大した。2008年度において，僅か12％の所得税納税者が，総所得税収の56％を支払う見込みである。

表１－２は，所得税納税者の階層別負担割合を示したものである。納税者の上位10％が，所得税総額の53％を負担しており，さらに，上位１％が23％を納税しているのである。高税率は引き下げられたが，所得上位層の納税比率は1978年度以降，実質的に上昇してきた。

これは，各税率が適用される所得がインフレ調整されなかったこと，平均所得が物価より急速に増大したこと，さらに所得のばらつきが拡大したことを反映している。高所得層に属する人々の所得は急速に増加し，その多くの納税者が高税率の適用を強いられている[14]。

表１－２　英国の所得税の階層別負担割合

%

年　度	上位１％	上位10％	上位50％
1978－79	11	35	82
1990－91	15	42	85
2000－01	22	52	89
2007－08	23	53	90
2008－09	23	53	89

（出所） Mirrlees［2010］p. 15.

第３節　マーリーズ・レビューの理念

先進諸国では，租税負担率は国民所得の30～50％であるが，2007年における英国の租税負担率は37.8％（社会保障負担率は10.6％）であり，租税は経済効

14　Mirrlees［2010］pp. 13－15.

率や公平性に大きな影響を及ぼしている。膨大な国債残高を抱えている国々は税制を通して多額の租税を収納することにより，財政赤字に対処しようとしている。各国において，特に経済成長に資する租税制度の構築は喫緊の課題となっている。

租税制度と給付制度は，明確に定義された経済原則に基づいて理路整然と構築されるべきである旨をマーリーズ・レビューは強調している。様々な要素が互いに適合し，不必要な歪みが取り除かれた租税制度の明確なビジョンが不可欠である。マーリーズ・レビューは，現代税制の主要な構成要素を考察し，改革のための一連の提案を展開しているが，経済理論，課税インパクト，及び所得分配や経済活動に関する研究成果を提案の指針としている[15]。

望ましい租税制度とは，政府支出及び分配上の目的を達成するため，必要な財源を調達できる制度であると同時に，経済的な非効率，及び税務行政上の非効率を最小化し，できるだけ簡素で透明性のある制度を維持すること，そして人々や経済活動の形態に関して恣意的な税差別を避け，できるだけ中立性を確保することである[16]。すなわち，財政収入の十分性を前提条件として，公平，中立，簡素に適った租税システムをデザインする必要がある。

1　望ましい税制の三原則

マーリーズ・レビューの提案の核心は，累進的で中立的な租税制度の構築であり，累進（公平），中立，及びシステムの三つがキーワードである[17]。

第１は，できるだけ効率性を損なわずに累進性を達成することである。マーリーズ・レビューは累進的税制を構築する際に，個人所得課税と給付に関する税率構造の果たす役割を強調している。再分配と労働インセンティブとの間には，避けられないトレード・オフが存在するのも事実であるが，累進性の達成に関連する効率性のロスを最小化するよう注意深く制度をデザインすることは

15　Mirrlees［2011］p. 470.
16　Mirrlees［2011］p. 471.
17　Mirrlees［2011］pp. 471－473.

可能であるとする。効率性のロスを最小限に抑えた累進性の達成とは，所得分配の状態，及び様々な所得水準における課税と給付に対する反応に関する情報を反映する税率表の構築を意味する。また，租税回避や海外移住のような反応に加えて，働くかどうか，どれだけ働くかに関する決定を考慮した税制を意味する。

マーリーズ・レビューは，学童のいる母親や退職年齢の人々が労働インセンティブに対して強く反応するとして，特に低い実効税率に直面していることを指摘し，労働供給インセンティブ，潜在的な稼得能力，ニーズを反映する観察可能な特徴を考慮する税率表をデザインすることが重要であると指摘している。

さらに，累進的な税制に関する多くの議論は所得に対する課税効果に焦点を置いているが，年間所得のスナップショットではなく，人々が生涯を通して稼得する所得全体によって累進性を評価すべきであるとしている。そのため，マーリーズ・レビューは生涯における消費の配分を考察すべきであり，一時点の所得の分配を考察することは正しい論点ではないと述べている。

第2は，中立性である。類似の経済活動を同じように取り扱う税制はより簡素となり，人々や経済活動間の不当な差別を避け経済的な歪みを最小化する。しかし，環境に被害をもたらす活動やアルコール，たばこに対する課税が示すように，課税目的が異なる活動を差別することが効率的となり得る場合もある。こうした活動は外部不経済を発生させる行為となるため，租税政策の影響を受け，特別な課税が正当化されるケースである。マーリーズ・レビューは，このような議論は健康への警告として取り扱われなければならないとしている。政府が課税する活動と非課税とする活動との境界を定義し，政策決定することは難しい。それは税務行政費と納税協力費を増加させることに他ならない。さらに，ある種の活動を他の別の活動へ誘導するインセンティブを生じさせる。税制における家計や企業の経済活動に対する中立性の確保は，効率的な資源配分を促し経済成長に資する税制を指向するものであり，さらに簡素化すなわち税務行政コストの低下に寄与する。

第3は，租税システム全体を考察することである。良い税制というものは国全体の財政需要に合うように構築されるべきである。特定項目に対する支出を特定の租税収入に結び付けることは，ノン・アフェクタシオンの原則に反する。それゆえ，租税の目的税化はできるだけ避けるべきである。一般的に，租税システム全体が機能する限り，租税の全てが必ずしも全ての目的に適う必要はない。例えば，あらゆる租税を気候変動に対処するためにグリーン化する必要はなく，またシステム全体が累進的である限り，全ての税目が累進的である必要はないのである。消費税は逆進的にならざるを得ないが，累進性の確保は個人所得税等で達成することが可能である。良い税制とは，あらゆる税目で累進性を確保することではなく，全体としてのシステムが累進的である税制である。すなわち，公平，中立の原則は個々の税制において考慮すべきものではなく，租税システム全体の中で確保すべきであると，マーリーズ・レビューは提案している。

2　英国の税制

マーリーズ・レビューは「租税というものは，死と同様に避けられないものではあるが，良い税制をデザインすることは可能である」[18]と述べている。英国の税制は不公平，非効率，そして複雑なシステムであり，税制改革はシステム全体として考察されるべきである。租税制度が作用する人口や経済の動向を明確に理解した上で制度をデザインする必要があり，経済的洞察及び資料を駆使したデザインにすべき旨をマーリーズ・レビューは強調している。

マーリーズ・レビューの狙いは税制改革のためのフレームワークと方向性を考案することであり，*Tax by Design*は，所得課税や消費課税，環境税，貯蓄課税，財産課税，土地と資本課税，及び法人課税の全てをセットとした税制改革の実施を勧告している。さらに，税制改革により国民全体の暮らし向きが良くなり，そして少なくとも国民が税制の複雑さ，及び非効率により生ずる束縛から自由になるとしている[19]。

18　Mirrlees［2011］p. 20.

19　Mirrlees［2011］p. 20.

課税による経済活動の歪みをできるだけ排除すること，経済行動に対する負のインパクトを最小化するため，課税に対する反応について知り得る限りのことを取り入れること，及び外部不経済に課税するとの一貫したアプローチを含む税制をマーリーズ・レビューは提案している。このアプローチは，租税と給付のシステムが全体として，さらには人々の生涯を通じて，インセンティブと累進性がどのように作用するかに関する首尾一貫した理解を求めている[20]。

マーリーズ・レビューが提示した基準によると，英国の租税制度の主な欠陥は以下の通りである[21]。

⑴　英国では，近年における改革にもかかわらず，所得税と給付に関する制度は潜在的に稼得力の低い人々の労働に対する深刻なディスインセンティブを生じさせ，給付制度はあまりにも複雑すぎる。

⑵　税制が完全には統合されていないため，複雑さと一貫性のなさが生じている。所得税と国民保険料（NICs）は統合すべきである。

⑶　資本の移転に関する制度は一貫性がなく不公平である。課税ベースも一貫性がなく，貯蓄は刺激されず，また種々の形態の貯蓄には様々な税が課されている。

⑷　気候変動や混雑等の外部不経済に対して，一貫した環境税の仕組みが存在しない。炭素排出に関する有効な税は汚染の源泉で大きく異なり，それに燃料税は道路課金の代替としては不十分である。

⑸　法人税制度は事業投資を促進させず，エクイティ・ファイナンスより利払いが費用として控除されるデット・ファイナンスが多用されている。法人税と他の税との統合の欠如は組織形態の選択に歪みをもたらしている。さらに，法人課税は国際的な引き下げ競争にさらされている。

⑹　土地と資本に対する課税は非効率で不公平である。事業用資本には課税されているが，レントの源泉である土地に対する税はない。住宅に対する

20　Mirrlees［2011］p. 480.
21　Mirrlees［2011］pp. 480－481.

税は取引税及び20年前の評価に基づくカウンシル税がある[22]。

(7) 分配の目標は非効率で一貫性に欠けた方法で実施されている。例えば，VATのゼロ税率と軽減税率は低所得者を対象とするというより，むしろ特定の嗜好を持つ人々を援助しており，またカウンシル税は効率性の確保に資することなく明らかに逆進的である。

マーリーズ・レビューは，以上を英国税制の主な欠陥としてあげている。なお，個人所得課税についてみると，個人所得税と国民保険料は現実的には同じ税であるにもかかわらず，別々の制度として運用されているのが実態であると指摘している。個人所得税と実質的には同一の国民保険料が，独立した別の仕組みになっていることで，所得に対する税率が不透明になっている状況を踏まえると，個人所得税と国民保険料は統合されるべきである。個人所得税と国民保険料を統合することにより，税務行政費や納税協力費が抑制され，結果として簡素性が確保される[23]。

また，VATに関しては，食料品や子供服等には，ゼロ税率が適用され，電気料金等は軽減税率が適用されている。また，金融サービスや賃貸住宅等は非課税扱いである。VATの効率性を高めるため，ゼロ税率，軽減税率，及び非課税措置といった優遇措置は全て廃止すべきであり，課税ベースを拡大して全ての財・サービスに標準税率で課税することが肝要である。英国税制における複数税率は，逆進性の緩和という公平の観点から設けられているが，累進性の確保に関しては，VATだけで考えるべきものではなく，税制全体で確保されるべきである。VATの課税ベース拡大に伴う再分配や労働インセンティブへの影響に関しては個人所得税及び給付制度で対処すべきである[24]。

このように，マーリーズ・レビューは，公平，中立，簡素，及び外部性（環境）の観点から，租税システム全体をひとつのパッケージとして考察すること

---

22 大澤美和［2020］46－57頁。

23 みずほ総合研究所［2010］3－4頁。

24 みずほ総合研究所［2010］5頁。

が重要である旨を強調している。そのパッケージは様々な累進度を達成するように形づくられ，所得税制と給付制度を構築するためのデータに基づいている。

マーリーズ・レビューは，直接税として消費に対して課税する支出税を提唱したミード報告の後継報告書であり，経済理論や課税インパクト，所得分配，経済活動に関する研究成果に基づき英国税制を考察し，21世紀の開放経済における税制改革のための一連の提案を展開している。望ましい税制とは，財源調達に優れた制度であると同時に，公平，中立，簡素の租税原則に適った税制である。マーリーズ・レビューは，財源調達機能や所得再分配機能といった租税の機能，租税原則，環境問題（外部不経済）への配慮を支出を含めた財政システム全体として考察している。長期的な観点で戦略的な税デザインの構築を目指したものであり，これまでの税制改革の提案にない斬新な改革案である。税制と給付制度の統合も視野に入れ，税制全体をひとつのパッケージとして捉える税制改革案は，将来に亘って英国のみならず，世界各国において税制改革の指針となり得るものと考えられる。

このように給付制度を含めた，財政システム全体の枠組みの中で租税制度を考察するマーリーズ・レビューの提案を現実のシステムに反映させることは難点も多いが，高く評価できる。マーリーズ・レビューは日本における社会保障と税の一体改革を考える際に，多くの示唆を与えてくれるものと思われる。

第4節　マーリーズ・レビューの政策的含意

マーリーズ・レビューは，グローバル化した21世紀の開放経済における望ましい税制を構築することを狙いとして展開され，あるべき税制に向けて英国税制をいかに改革すべきかを提案している。

国家は公共サービスを賄うための巨額な財源を調達する租税制度なしには存在しえない。こうした中で，マーリーズ・レビューの目的は英国税制を改革するための具体的な提案をする際に，21世紀の租税制度の依るべき原則をも提示している。マーリーズ・レビューは租税制度が人々の行動に与えるインパクトを議論する際には，経済理論及び実証分析の成果に基づいており，IFSが約30年前に公表したレビューの座長を務めたノーベル経済学者J. E. ミードの先例に倣っている。ミード報告は英国における直接税の構築と改革に焦点を置いたものであり，それ以来，租税政策の議論に大きな影響を及ぼしてきた。支出税を提唱するミード報告が作成された約30年前と比較して，人口の少子高齢化，経済活動のグローバル化・情報化が進展し，租税システム全体をカバーすること及び社会保障制度と税額控除制度との統合が要請されている[25]。

マーリーズ・レビューの改革案は次の三つを指針としている。第1は，実体経済と人口態様を考慮することの重要性である。20世紀半ばに望ましいとされた租税制度は，2010年代においても良い税制であるとは言えなくなった。第2は，租税制度はシステム全体として考察されるべきであるという重要な洞察である。マーリーズ・レビューは全体としての財政システムが国民経済に対するインパクトに焦点を置いている。すなわち，どのような租税が経済に適合するのか，どのような制度が全体として政府の政策目標を達成するのか，である。第3は，マーリーズ・レビューは課税に関する現代経済学に基づいた分析をベースにしている。人々が直面する制約や，税制が変化する際の人々の反応をモデルに組み込んだ経済理論に基づく実証分析に依拠している[26]。

すなわち，経済や社会の状況を的確に反映した税制をデザインすること，財政システム全体における政策目標と税制の整合性を確保すること，及び理論モデルに基づいた実証分析に依拠すべきということである。

25　Mirrlees［2011］p. 1.
26　Mirrlees［2011］pp. 2－3.

第2章

総合課税と分離課税

資本所得は資本から生ずる所得で労働所得とその性格が異なるため，資本所得に対する課税は包括的所得税制の下では困難が伴う。マーリーズ・レビューは，資本所得への課税は二重課税になるが，公平性の観点から非課税とすべきではないと主張している。二元的所得税では資本所得を労働所得と分離し，労働所得税の最低税率を賦課する場合，資本所得優遇との批判もあるが，二重課税の回避や効率性の観点からは有意である。

こうしたことを踏まえ，本章では，総合課税，分離課税，及び二元的所得税について考察し望ましい個人所得課税のあり方を検討する。

第1節　所得概念と課税ベース

1　所得概念

所得税を考察する際には所得概念に関して論じることが必須である。所得は，個人の租税負担能力を測定する最良の手段であるため，所得税は主たる税収源として幅広く受け入れられている。近年，全ての所得を合算して課税する包括的所得税の考え方には疑問が出されるようになった。

所得概念として，所得源泉説と経済力増加説の二つの潮流があるが，租税負担能力を的確に把握することは極めて重要である。所得源泉説（周期説とも呼ばれる）は，周期的且つ反復的に継続する収入だけを課税所得とする考え方であり，代表的なものに給与所得がある[1]。したがって，非周期的な収入（例え

1　所得源泉説は主要産業が農業であった時，毎年周期的に果実の収穫を継続して行い，果樹は切り倒さないという考え方が起源だと言われている。栗林隆［2015］133頁。

ば，宝くじの賞金）は除外される。一方，経済力増加説（シャンツ＝ヘイグ＝サイモンズ概念）は，１年間の消費に資本の純増を加味したものである[2]。原則として全ての経済力の増加を算入し，源泉面を一切考慮せず消費か貯蓄かといったことも問うものではない。この学説は所得課税の規範的な論として広く受け入れられてきている。

所得の種類をみると，所得は大きく分けて労働所得と資本所得の二つに分かれる。労働所得は，給与に代表されるように労働の対価として得る収入であり，一方の資本所得は資産を所有・運用することから生じる所得で利子所得，配当所得，賃貸料所得等であり，いわゆる不労所得である。

課税方法に関しては，分類所得税と包括的所得税がある。分類所得税は主として英国で発展したものであり，納税者の所得源泉面に着目する。伝統的には労働所得軽課，資本所得重課が主張されてきた[3]。これは，課税の公平概念において所得の源泉面による租税負担能力を考慮したものである。包括的所得税は納税者の所得処分面に着目したものであり，労働所得と資本所得の両者に同様に課税をすることになる[4]。

現実の税制において経済力増加説に立脚した包括的所得税が実現すれば理想的かもしれないが，理想の税制というものが存在しないのと同様に，同概念は実行可能性の見地から，多数の問題点が指摘されている。したがって，現実には，評価及び税務行政の観点から帰属所得[5]や未実現キャピタルゲイン[6]等に対する課税は，その困難さゆえに課税が行われていない[7]。

2　1832年のF. ヘルマンの所得概念を発端として，ドイツで約60年間に亘って繰り広げられた所得概念論争を終結させたのがG. シャンツであった。経済力を増加させる全ての所得要素を課税ベースに算入するシャンツの学説は画期的なものであった。シャンツの説を精緻化したのはH. C. サイモンズであり，R. ヘイグも同時期にシャンツの説を精緻化したとされている。栗林隆［2015］134頁。

3　労働の対価である労働所得は生活必需財を購入する原資となるため，軽課すべきであり，一方，非労働的収入である資本所得は労働所得よりも租税負担能力が高いと言える。

4　労働所得であれ資本所得であれ，所得の市場支配力は同じであるため，経済力の増加全てに対して包括的に課税すべきことを要請する。

2　課税ベース

上述のように，包括的所得税の下では，資本所得への課税には困難が伴うことは明らかである。キャピタルゲインや帰属家賃等に止どまらず，発生ベースや時価に基づいて課税所得を把握することが困難な資本は多数存在する。また，物価変動（インフレーション，又はデフレーション）発生時の課税所得に対する物価調整の必要に関しては，さらに困難が伴う[8]。

このような包括的所得税に対する批判から，支出税論，最適課税論，及び二元的所得税論等の議論が展開されることになった。

⑴　支 出 税

包括的所得税に対する批判から，英国の経済学者，N. カルドアにより提唱されたのが支出税である。支出税は消費支出に累進税を適用する直接税である。課税ベースに算入されるのは変動する各年の所得ではないため，長期的にみて

5　帰属所得は経済力増加の要因となるため，理論的には公正な市場価値で課税すべきである。帰属所得とは，家事労働や日曜大工，帰属家賃（持家住宅の家賃相当分）等のように，サービス使用時や資本利用時に発生するキャッシュ・フローを伴わないゲインである。栗林隆［2015］144頁。

6　キャピタルゲインは理論上，不動産や有価証券等の資本における発生主義に基づく評価益を言う。本来，未実現キャピタルゲインに関しても経済力の増加であるため課税すべきであるが，評価及び税務行政上の問題，さらには実際の納税に対するキャッシュ・フローが存在しないため，現実の税制では実現主義（資本譲渡時）において課税される。しかし，未実現キャピタルゲインに課税しないことで，ロックイン・エフェクト（税制による資本の流動性の低下）や課税の集中問題が発生する。栗林隆［2015］145頁。

7　カーター報告（包括的所得税のモデル提案）の帰属所得と未実現キャピタルゲインに対する勧告を考察すると，帰属所得には理論上は課税すべきであるとの見解ではあるが，結論として純ゲインの金額を正確且つ公平に決定することが税務行政上，困難との理由で，全ての形式の帰属所得に課税しないことを勧告した。カーター報告はロックイン・エフェクトによる不公平や非効率の問題に対し，永遠の課税延期は認めないとの見解により，贈与や相続時，及びカナダから移住した際には実現とみなす勧告を行った。栗林隆［2005］108頁。

8　田近栄治［2002］23頁。

平均化された経済力に近似する。

支出税は，包括的所得課税の下でのキャピタルゲインに対する課税技術上の問題やインフレ調整の問題，さらにライフサイクルでの負担の平準化の問題から開放されるという長所を有している。ミード報告等で述べているように，各国の税制改革案において具体的な支出税勧告がなされたこともあるが，直接税としての消費課税の理論的な優位性は高いものの，実際の導入となると，消費と貯蓄の区別等，その実務上の困難さから実現に至っていない[9]。

⑵ 最適課税

執行可能性に関して各種の問題点が指摘される支出税に代わり，1970年ごろに最適課税論が登場した。最適課税論は課税の影響を異なる所得ごとに分析することで，社会全体の厚生を最大化する課税方法を要請するものである。効率的な課税が追求され，課税が資源配分に与える影響を重視する。資本所得と労働所得は異なる税率で課税されることが，このような考え方の下では容認される。

個人の所得を労働所得と資本所得の二つに分類し，労働所得には累進税率で課税し，資本所得には低率の比例税率を課す二元的所得税論は最適課税論の一種であると位置づけられている[10]。

⑶ 二元的所得税

二元的所得税（dual income tax）は，1990年前後に北欧諸国で導入された[11]。

9　森信茂樹［2002］41頁。

10　森信茂樹［2002］42頁。

11　スウェーデンで二元的所得税が導入された背景として，当時のスウェーデンは高インフレと不況に見舞われていた。インフレによる資本所得の名目的な増加は，課税に大きな歪みを発生させる。名目利子所得に対する課税は，インフレ分も課税対象となる一方で，負債利子控除も増大させるため，限界税率の高い高所得者が有利になる。また，資本所得に対する各種優遇措置が存在し，資本相互間におけるアンバランス，租税回避行為の活発化等，多くの問題が生じ税制の抜本的改革に迫られていた。森信茂樹［2002］44頁。

個人所得を労働所得と資本所得の二つに分類し，労働所得には累進税を適用し資本所得には低率の単一税率を適用するものである。二元的所得税の大きな特徴は，資本所得及び法人所得に対して，労働所得に適用する最低限界税率と同一の単一税率を適用することであり，資本所得は労働所得に比べて軽課されることになる。

二元的所得税は，伝統的な所得課税における諸問題（利子所得，インフレ，人的資本への課税等）を軽減できることを資本所得軽課の論拠としており，包括的所得税とはまったく異なるものである。資本所得については単一税率の適用により全ての納税者の課税後収益率は同じとなるため課税の効率性の面でも望ましいとの議論がある[12]。

その一方で，資本所得の軽課は，資本所得が集中する高所得層を優遇することになり，垂直的公平を阻害するとの批判があり，小規模事業者へ適用する際には，労働所得と資本所得の区分が著しく困難である等の題点が指摘される。

二元的所得税は，労働所得と資本所得を差別的に取り扱い課税する点で分類所得税とも言えるが，伝統的な分類所得税において主張されていたのは，労働所得の軽課，資本所得の重課であるから，まったく正反対の議論である。

第2節　所得課税と消費課税

1970年代以降，各国において抜本的な税制改革案が公表される際には，所得課税から消費課税（一般消費税や総合消費税）への移行が提案されてきた。その理由は以下の通りである。まず，消費課税の方が効率的であり，経済成長への寄与が大きいことである。所得税においては，個人の貯蓄に関して労働所得税と資本所得税の二重課税が生じる。一方，消費課税によれば，課税されるの

12　さらに，個人の資本所得と法人の所得に同率の単一税率を適用することで，両者の課税後収益率が同じになるから効率的であること，個人所得税と法人所得税の統合に関する観点からも望ましい税制と言える。

は消費時点のみであるため資本蓄積の促進に資すると考えられる[13]。次に，公平性に関しては，生涯所得を尺度とした場合，消費課税では同じ生涯所得の人は同額の税を負担することになるため，水平的公平が確保される。これは，遺産がない場合「生涯賃金＝生涯消費」となるため，生涯消費に対して課税をすることと個人の生涯賃金に課税することは同じであるとの論理である[14]。

消費課税における最大の欠陥は逆進性の問題，すなわち，現在所得との対比から捉えられる垂直的公平の欠如である。労働者がライフサイクルの中で，各所得階級をランダムに動き回るものと仮定すれば，税制において現在所得対比の逆進性は考慮不要となり，結果として，生涯所得に比例した消費課税が望ましいことになる。米国経済白書［2003］[15]では，労働者の大部分について10年以内に所得の増加又は減少により税率ブラケットの移動がある。その一方で，税率10％以下に属する低所得者が10年後に税率28％以上の高所得者になる割合は約１％未満であり，またその逆（高所得者が低所得者になる割合）も５％以下である。このような結果を踏まえ，米国大統領税制改革諮問委員会［2005］の税制改革案は現在所得対比での逆進性を考慮している。なお，消費課税案を提示したマーリーズ・レビューでも，現在所得対比の逆進性に対する配慮の必要性が示唆されている[16]。

13　一般的には，消費課税が好まれやすいのは，個人の貯蓄率が低く貯蓄促進を重視する国であると言える。鈴木将覚［2014］9頁。

14　実際は遺産が存在することから「生涯賃金＝生涯消費」との考えは成立せず，遺産が存在する際には，遺産も消費に含めて消費課税を課すべきである。ただし，これは，遺産に対して消費税を課税することで，遺産・相続への課税が不要であることを意味するものではない。遺産・相続への課税に関しては，資産保有における公平性の観点から別途検討されるべきである。鈴木将覚［2014］10頁。

15　労働者が10年後に同じ税率ブラケットに留まる割合は24.0～53.4％である。米国経済白書［2003］161頁。

16　鈴木将覚［2014］10頁。

第3節　北欧の二元的所得税

二元的所得税は所得を労働所得と資本所得の二つに分類して，労働所得に関しては累進性を確保し，資本所得に対しては一律の低税率で課税する。二元的所得税制度は1987年にデンマークで導入され，スウェーデン1991年，ノルウェー1992年，フィンランド1993年に導入された北欧型の課税方式である。包括的所得税の下で租税回避行動が活発化し資本所得課税を適切に行うことが困難になったことや，足の速い資本所得の国際間移動への対応を迫られたことが導入の背景である。

租税回避行動に関しては，当時の北欧諸国では包括的所得税の下，持ち家の帰属所得（家賃相当額）にも課税されていた。その一方で，住宅ローン等の支払利子が所得控除できるため，高所得者が不必要な借入れを行うことにより所得税の負担軽減を図るといった租税回避行動が横行した[17]。また，資本所得に対する各種優遇措置の存在等の問題も生じ，さらに高負担，高福祉の国家体制の下，非常に高い累進度を持つ包括的所得税は労働意欲の低下や人材の流出を招来し，税制の抜本的改革が喫緊の課題であった。

資本所得の国際間移動に関して資本所得と労働所得を同一の所得とみて合算し，累進税率を課す包括的所得税は垂直的公平の確保という観点からは望ましい税制と言えるが，金融手段の発達やグローバルな資金移動の下で，資本所得への高い限界税率の適用を回避する資金移動を発生させ，効率性，公平性に大きな問題を生じさせた[18]。このような事態を受けて北欧諸国において，二元的所得税が導入されたのである。北欧諸国の二元的所得税制度の概要は表２－１の通りである。

17　1990年代初頭，スウェーデンは高インフレと不況に見舞われていた。インフレによる名目的な資本所得の増加は，課税に大きな歪みを発生させる。名目利子所得に対する課税はインフレ分も課税対象となる一方で，負債利子控除も増大させるため，限界税率の高い高所得層にとって有利となる。

18　鈴木将覚［2014］21－22頁。

表2－1　北欧の二元的所得税制度

（%）

	ノルウェー	フィンランド	スウェーデン
導入年	1992年	1993年	1991年
資本所得税の税率			
導入時（企業）	28	25	30
導入時（個人）	28	25	30
2013年（企業）	28	24.5[(1)]	22
2013年（個人）	28	30又は32[(2)]	30
労働所得税の最高税率(2013年)	47.80	51.13	56.60
損益通算(2013年)	・一般所得部分（第1ブラケット）は，基本的に全ての資本所得と労働所得の損益通算が可能。	・資本所得が負の場合，労働所得税から税額控除できる。 ・配当，賃貸所得等は資本所得内で通算が可能。 ・キャピタルロスは，キャピタルゲインとのみ通算可能。 ・利子所得は源泉分離課税（30%）。 ・住宅ローン利子は，労働所得から控除可能（85%まで）[(3)]。	・資本所得が負の場合，労働所得税から税額控除できる。ただし，10万クローネ超の部分は税率21%。 ・資本所得内では，基本的に全ての資本所得で通算が可能。 ・キャピタルロスの控除は70%まで。
二重課税の排除（導入時）			
配　当	完全インピュテーション	完全インピュテーション	なし
キャピタルゲイン	RISK法	なし	なし
(2013年)			なし
配　当	株主所得税（SIT）	配当控除（30%）[(4)]	なし
キャピタルゲイン	株主所得税（SIT）	なし	

（注）

(1) 2014年より20%。

(2) 5万ユーロ以上32%，5万ユーロ未満30%，2014年より基準が4万ユーロ以上に改正された。

(3) 2014年より75%まで。

(4) 上場企業の場合。

（出所） 鈴木将覚［2014］22頁。

二元的所得税の主な特徴は，次の通りである[19]。第1は，所得が資本所得と労働所得の二つに分けられることである。第2は，租税裁定を防止するため労働所得の最低税率と資本所得の税率が等しく設定されることである[20]。これらは二元的所得税の基本的要素であり，資本所得税率をこれより低くすると，労働所得を資本所得に見せかける行動が強まる。第3は，課税ベースの取り扱い方法が二通りある。第4は，配当とキャピタルゲインに対する二重課税排除に完全インピュテーション等の方法を用いる。第5は損益通算に関することである。以下，ノルウェー，フィンランド，スウェーデンについて概観する。

1　ノルウェー

ノルウェーでは，資本所得と労働所得を合算した課税ベースに資本所得税率を乗じた後に，一定限度を超える労働所得に対して累進税率で課税する方法が採用されている。賃金や利子所得，配当所得，持家の帰属家賃等は全て合算され，そこから各種控除を差し引くことから得られる所得に対して28%の一律の税率が課される[21]。一定限度を超える労働所得に対して，付加的に累進税率が

19　その他に，二元的所得税は次のような特徴がある。まず，支払利子等に対する源泉課税であるが，ノルウェー，スウェーデン，フィンランドにおいて，実際には支払利子等の源泉課税は実施されていない。さらに，個人事業主やオーナー企業経営者に対する所得分割がある。所得分割制度では，資本ストックに帰属利子率を乗じて資本所得が算定され，それを事業所得全体から差し引くことにより労働所得が算定される。
　個人事業主やオーナー企業経営者の場合，その所得を資本所得と労働所得に明確に線引きすることは困難である。恣意的な所得分類が可能であれば，本来労働所得とすべき所得をより税率の低い資本所得として受け取るインセンティブが生じる。このような裁量の余地を排除するために，所得分割制度が用いられる。
　しかし，ノルウェーでは2005年まで一定の同族非公開企業の経営者に対して適用されていた所得分割法はうまく機能しなかったため，2006年における株主所得税（SIT）の導入と共に廃止された。鈴木将覚［2014］23頁。

20　納税者が税負担の軽い取引方法を選ぶことである。ある取引で同一・類似の経済的意義を有する法形式の選択肢が複数存在する場合，当事者があえて税負担の重い取引を行う理由はない。税法の想定する範囲内のもの（節税）とそうでないもの（租税回避）がある。

21　控除には，人的控除に加えて負債利子やキャピタルロス等の控除がある。

適用されるため，労働所得には資本所得よりも高い税率が適用される。なお，ノルウェーでは法人税率と資本所得税率は同率に設定されている。

二重課税排除に関して，2005年まで配当には完全インピュテーション法を，キャピタルゲインに対してはRISK法で二重課税を排除していた[22]。なお，キャピタルゲインに対する二重課税は，法人段階では内部留保に法人税が課せられ，個人段階では内部留保を反映したキャピタルゲインに対してキャピタルゲイン税が課せられることである。2006年から，完全インピュテーション法とRISK法は廃止され株主所得税が導入された。損益通算については，一般所得部分（第１ブラケット）は基本的に全ての資本所得と労働所得の損益通算が可能である。

2　フィンランド

フィンランドでは，課税ベースを資本所得と労働所得の二つに分けて計算される。資本所得と労働所得は別々に課税され，資本所得がマイナスとなる場合は，それに資本所得税率を乗じた額を労働所得税から税額控除できる。フィンランドではノルウェーと異なり，法人税率と資本所得税率は同一税率ではない。改革当時（1993年）法人税率と資本所得税率は共に25％で等しく設定されていた。そして公平性に配慮し2004年までに，資本所得税率が29％まで引き上げられ，同時に法人税率も29％へ引き上げられた。しかしその後，法人税に関しては国際的租税競争に対応するため，資本所得税に公平性の確保が要請された。その結果，法人税率と資本所得税率は乖離し，2014年現在では法人税率20％，資本所得税率32％（４万ユーロ未満は30％）となっている。二重課税排除に関しては，2004年まで個人段階で配当に対する完全インピュテーション法が採用

22　RISK法では，個別株主に帰属する内部留保が算出され，その分だけ株主が保有する株式の評価額がその購入価格より引き上げられることにより，企業の内部留保を反映した個人段階でのキャピタルゲイン課税が避けられた。株式の売却価格が「購入価格＋株式評価引き上げ額」を超える場合のみ，内部留保分を超えるキャピタルゲインが発生していると見做され，個人段階でキャピタルゲイン税が課された。鈴木将覚［2014］23頁。

されていたが，2005年から配当所得の70％のみを課税する方式に変更された[23]。キャピタルゲイン（法人の内部留保を反映）に対する二重課税の緩和措置は特に設けられていない。フィンランドでは租税回避防止の観点から損益通算を制限しており，資本所得の範囲内でも損益通算が自由ではない。利子所得は分離課税で，キャピタルゲインはキャピタルロスのみと通算することができる[24]。また，住宅ローン利子の控除率は2012年までは100％であった[25]。

3　スウェーデン

スウェーデンにおいても課税ベースの取り扱いはフィンランドと同様，初めから資本所得と労働所得を二つに分けて計算する。資本所得と労働所得は別々に課税され，資本所得がマイナスとなる場合は，それに資本所得税率を乗じた額を労働所得税から税額控除できる[26]。スウェーデンも法人税率と資本所得税率は同率ではない。改革当初（1991年）法人税率と資本所得税率は同じ30％であった。しかし，法人税率のみ断続的に引き下げられ，法人税率は2009年には26.3％，2013年には22.0％になり資本所得税率と乖離した。このように，フィンランドとスウェーデンは法人税率と資本所得税率の乖離が拡大している。スウェーデンでは，配当及びキャピタルゲインの二重課税排除に対する特別な措置は存在しない[27]。損益通算に関しては，幅広い通算が認められているが，キャピタルロスの控除率は，上限を70％に設定している等の制約がある。

23　EUは完全インピュテーション法を自国投資家に対する優遇措置であると見做して，その廃止を提案したことによる。

24　キャピタルロスは繰越が認められている。しかし，キャピタルロスを配当や利子等の資本所得と通算することはできない。

25　2014年には75％に縮小された。

26　スウェーデンにおける労働所得から税額控除可能な負の資本所得税額は，10万クローネ以下は資本所得税率30％が適用され，10万クローネ超は資本所得税率21％が適用される。

27　スウェーデンでは古典的方式を採用している。二元的所得税導入により資本所得税率が低下したため，導入前に比べ二重課税は緩和されたが完全な排除には至っていない。

第４節　個人所得の総合課税と分離課税

本節では，包括的所得税（総合課税）と分離課税に関する課税方法について考察する。包括的所得税は全ての所得を合算して課税する方法であり，分離課税は他の所得とは合算せず，分離して課税する方法である。包括的所得税のメリットは以下の通りである[28]。第１に，包括的所得を課税ベースとすることで，課税ベースの拡大が図られ，税率を引き下げることが可能となる。第２に，累進的な税率を適用するのが容易であり，垂直的な公平に資する。第３に，所得間の恣意的な差別による取り扱いがないため，課税の中立性や簡素性が確保される。

一方，包括的所得税のデメリットとしては，生涯の効用を公平の指標とした場合，包括的所得税の下では水平的公平の実現が困難となる。また，所得間の異質性を考慮した場合，課税による負の誘因効果の異なる所得を同様に取り扱うことになり，必ずしも課税の効率性が実現されるとは限らない。

シャウプ勧告では包括的所得税が指向されながら，実際には次第に分離課税となる所得が増えたのは，異なる所得を無理に同様に取り扱うことの弊害が認識されたからと考えられる。包括的所得税は資本所得の取り扱いに困難が伴う。

日本の所得税制では，納税協力費に配慮し資本所得を包括的所得税から除外する源泉徴収制度をとっている。株式譲渡益課税に関しては，シャウプ勧告においても，税務執行上の困難さのため，長い間，キャピタルゲインは非課税（1999年まで有価証券取引税があった）であった。2003年には，配当所得と共に20％の源泉徴収となった。預貯金からの利子所得については，1989年より20％の源泉分離課税である。2012年以降，全ての資本所得に対して，20％（復

28　包括的所得税を提案した税制改革案として，カーター報告（*Report of the Royal Commission on Taxation*, 1966）があるが，栗林隆教授は「カーター報告が勧告した租税システムは全てが有機的に結合して，客観的能力説に依拠した所得税体系により課税の公平が実現するのであり，学術的に高く評価できよう」と述べている。栗林隆［2005］245頁。

興特別所得税0.315％を除く）の比例税率で分離課税が実施されている。

なお，未実現のキャピタルゲインに関しては，包括的所得税を採用した場合，その発生時点で課税ベースに算入すべきである。未実現のキャピタルゲインは，適正な価値で評価することができないため，現実には資本の売却時（実現時）に課税されている。しかし，未実現のキャピタルゲインは，同じ資本への再投資とみなせること，利子や配当等が発生時に課税対象となることから，中立性や水平的公平の観点から課税すべきである。非課税であることは，資本保有や売却行為に対する中立性を阻害しロックイン・エフェクトが発生する。

ところで，最適課税論の立場から，個人所得課税の方法を考察してみると，最適課税論は様々な所得の異質性に着目した課税方法が主張される。すなわち，税率構造や納税方法等の差別化である。最適課税論は所得の異質性を考慮した組合せによる分類所得税と言える。所得の異質性を重視し，各種の所得に一律に課税する包括的所得税論や資本所得の一律非課税を主張する支出税論にみられる単純さや極端さを回避していることから，理論的且つ現実的なものと言える。

第3章

労働所得税をめぐる論点

本章では，労働所得税について最適課税の観点から検討する。労働所得に対する課税の効果は所得効果と代替効果により考察することができる。マーリーズ・レビューの主張する望ましい税制とは，効率性を達成し，公平で透明性があり，そして税務行政上，簡素な税制である。

最適課税論は効率と公平の両者を考慮しつつ，労働所得税の設計を検討するが限界もある。最適な限界税率は労働供給の弾力性，所得格差の程度，及び社会的な価値判断に依存する。

租税の変化のインパクトを評価するとき，その効果を測定することは重要である。労働所得への追加的課税は一般的に労働時間を減少させるが，その効果の強さは労働者のタイプで異なる。マーリーズ・レビューは，インテンシブ・マージン（どれだけ働くか）とエクステンシブ・マージン（働くかどうか）から重要な洞察を得ている。

また，労働所得税を課す場合，個人単位とするか世帯単位とするかはそれぞれメリットとデメリットがある。なお，低所得層に対する給付と課税についても労働インセンティブを重視したシステムが望まれる。

本章では，第１節において，労働所得税の最適性の観点から，経済効果及び厚生損失と，所得再分配について考察する。第２節では，望ましい限界税率や低所得層への望ましい課税及び給付に関して論じる。

第1節　労働所得税の最適性

1　最適労働所得税の概要

課税における最適性とは，税による超過負担，いわゆる厚生損失の発生を最小限に止め，所得分配に与える影響を考慮し社会的厚生を極大化することである。労働所得税の税率は一括税や，比例税，累進税等を考えることができるが，各国において累進的所得税率が採用されている。

市場メカニズムは資源を効率的に配分するメリットを持つが，その効率性は税の楔により損なわれる。労働所得に対する課税の効果は，所得効果と代替効果に区別することができる。所得効果は，労働（所得）と余暇の相対価格が変化しないので，実質所得が変化した場合の効果であり，余暇が正常財であれば労働供給は増大する。一方，代替効果は租税負担分だけ，労働により得られる所得の魅力が相対的に低下するので，労働に従事するより余暇の方を選択する効果を持つ。多くの研究において，労働所得に対する課税の所得効果は小さいものとみなして，代替効果に焦点を置き労働供給が減少するとの前提で論が展開されている[1]。

労働所得税の場合，労働供給の変化によって租税負担も変化するが，厚生損失の大きさは代替効果により労働供給がどれだけ抑制されるかに依存する。限界税率が高いほど，労働時間も抑制されて，厚生損失も大きくなる。パートタイム労働者のような代替効果の大きな労働に課税すると，資源配分の上で負の効果が生じる。効率性の面からは，代替効果の小さい課税ベースに対してより高い税率で課税するのが望ましい。換言すると，労働供給の代替効果が小さく所得効果が大きければ，労働所得税は効率性の面から正当化される。累進的な労働所得税の場合，限界税率に対する労働供給の弾力性が大きいほど，最適な限界税率は低くなるであろう。

1　井堀利宏［2013］116－117頁。

所得税は代替効果により労働供給を減少させ，課税がない場合に比べて効率性は低下するが，この効率のロスは税による所得再分配が社会的厚生を高めるメリットと比較考量されなければならない。最適化を行い，同じ税収を低い税率で実現することが望ましい。これらのバランスの中で最適な限界税率が決まる。

このように効率と公平の両者を考慮した上で，どのように労働所得税を設計するかを検討するのが最適所得税論である。以下では，マーリーズ［1971］に基づき最適所得税の基本モデルをみておこう[2]。

$x(n)=z(n)-T(z(n))$とする。ここで，xは能力がnの人の課税後所得であり，消費である。zは課税前所得で$z(n)=n\cdot y$と仮定する。yは労働供給で不効用をもたらす。Tは租税関数でTの形は最適化の結果として決まる。

能力nの人の効用Uは，$U[x(n),\ y(n)]$であり，政府は社会的厚生関数$W=\int_0^\infty U[x(n),\ y(n)]f(n)dn$を最大化する。ここで$f(n)$は$n$の密度関数である。能力分布の形状として対数正規分布又はパレート分布が想定される。政府の予算制約としては正の税収，$\int_0^\infty T(z)f(n)dn$，を必要とすると仮定する。

数値計算において，マーリーズは効用関数の形状を，$U=\log x+\log(1-y)$と特定化している。また，社会的厚生関数Wは各人の効用関数Uの合計である功利主義型を基にしている。純粋な功利主義型の場合には，各人のUの大小に応じて社会的評価を変えないことになる。

上記の予算制約の下で，社会的厚生関数Wの最大化のためには最適制御理論を使う。マーリーズではいくつかのケースにおける数値計算を行っており，純粋な功利主義型社会的厚生関数Wを最大化するような税率構造は以下のように計算されている。

所　　得	平均税率（%）	限界税率（%）
ボトム10%	－5	24
メディアン	5	22
トップ10%	13	19
トップ1%	14	17

2　Mirrlees［1971］pp. 175－208.

これは国民所得の７％の税収を仮定するケースである。限界税率はほぼ線形であるが，正確には所得が高いほど下がる。しかし，限界税率は下がっても平均税率は上がるという結果となっている。平均税率にも注意する必要があることが分かる。

しかし，Diamond［1998］やSaez［2001］は，最適な限界税率が所得の増加と共に上昇すると主張している[3]。この論は現実にも適っている。Diamondの論を要約すると以下の通りである。

効用関数を準線形とし，$U = x(n) + v(1 - y(n))$とする。ここでxは消費であり，関数$v(1 - y(n))$は余暇からの効用を表す。つまり，xとyを分離可能である。能力は連続的にnからn^Nまで分布しているとする。Uを間接効用関数として，能力に応じて連続的に増加する。社会的厚生関数は$\int G\{U[x(n), y(n)]\}f(n)dn$であり，社会的厚生は$u(n)$から$u(n^N)$までの単純合計ではなく，$G' > 0$，$G'' < 0$とする。このような社会的厚生関数は各人の$U$を単純に合計したものよりも低所得者を重視することになる。

社会的厚生を最大化するためには，最適制御理論を使い，次のようなハミルトニアンを作る。$H = \{G(u(n)) - p[u(n) - v(1 - y(n)) - n \cdot y(n)]\}f(n) + h(n)y(n)v'(1 - y(n))/n$

ここで，pは政府の予算制約に係る乗数である。$h(n)$は$u(n)$に対応する補助変数で政府の誘因両立性制約に対する乗数である。$u(n)$は状態変数でHを最大化するのは$y(n)$であり，$y(n)$は制御変数である。結論のみを述べると，Fをnの累積分布として，最適所得税ルールは以下の式となる。

$$\frac{T'}{1 - T'} = \left(1 + \frac{1}{e(n)}\right) \times \frac{-h(n)}{p(1 - F)} \times \frac{1 - F}{nf(n)} = A(n) \times B(n) \times C(n)$$

ここでは，T'ではなく，$\frac{T'}{1 - T'}$で考えているが，最適な所得税率構造は$A(n)$，$B(n)$，$C(n)$によって決まる。$A(n) = 1 + \frac{1}{e(n)}$であるが，どの$n$についても課税後の賃金に関する労働供給の弾性値$e(n)$は一定と仮定する。した

3　Diamond［1998］pp. 83－95. Saez［2001］pp. 205－229.

がって，$A(n)$は一定である。$C(n)=\frac{1-F(n)}{nf(n)}=\frac{\text{nを超える人の比率}}{n\times n\text{の人の密度}}$であり，$n$が大きくなると一定となる（パレート分布の場合）。こうして，T'の形を知るためには$B(n)$の形を知ればよいことになる。

$B(n)=\frac{-h(n)}{p(1-F)}$であるが，$-h(n)$は$(p-G')$の積分（$n$から$n^N$まで）となっていることに注意すると，任意の$n$について，$B(n)$は$n$から$n^N$までの$(p-G')$の平均となっている。一階条件を導出して整理すると，$p=\int_n^{n^N}G'f(n)dn$なので，pはG'の平均であり，各人の効用uの平均的な社会的評価である。G'はnが増加すると$u(n)$が増加するので，減少する。したがってG'の平均とちょうど等しくなるような賃金水準n_c，つまり$G'[u(n_c)]=p$を定義し，$n_c<n_m$を仮定する。ここでn_mはnの最頻値である。$n<n_c$の人は$G'>p$なので税はマイナスとなることが想定される。低所得者に対してはマイナスの税（給付）があると仮定されており，限界税率が高いのは所得の増加と共に給付が削減されるからである。$B(n)$はnの増加関数でありTは逓増することが示されるが，一般には$A(n)$と$C(n)$は一定でないので，Tが逓減することもあり得る。

Diamondは中高所得者のnの分布としてパレート分布を用い，最適限界税率がnと共に逓増する可能性を示しており，限界税率カーブはU字型になると主張している。その後，実際の所得分布を利用した税率カーブの計算が行われており，U字型の限界税率カーブがより具体的な政策的含意を持つ形で提示されるようになった[4]。

以上の議論から，非線形所得税の最適な限界税率は，次の３点に大きく依存していることが分かる。

第１は，労働供給の弾力性であり，労働供給の課税による代替効果（税が労働供給を減らす効果）の大きさに対応している（これは$A(n)$に対応する）。ただし，労働所得税は労働供給を増やす所得効果も持つと考えられる（代替効果を緩和する）。代替効果と所得効果は効率性の面からのコストの大きさを決定する。もし労働供給の弾力性が大きければ，限界税率を高くして再分配機能を

4　鈴木将覚［2014］12頁。

強化するコストは大きくなる。したがって，労働供給の弾力性が大きいほど，最適な限界税率は小さくなる。

第２は，社会的価値判断である（これは$B(n)$に対応する）。もし社会的価値判断が所得の不平等に対して敏感であり，国民が再分配政策を政府に期待しているのであれば，より累進的な税体系が望ましいことになる。したがって，不平等回避の狙いが高いほど，最適な限界税率は高くなるだろう。

第３は，所得格差の程度である（これは$C(n)$に対応する）。社会全体で所得のばらつきがかなり大きい場合，政府としても再分配を強化する必要性が生じてくる。したがって，所得格差が大きいほど，最適な限界税率は高くなる。

Seade［1977］は定性的に最高所得者に対する望ましい限界税率がゼロとなると結論づけた[5]。最高所得者の限界税率をゼロとするのは，最高所得者からの税収は僅かで，税収を減らすことなく，労働供給を増やせるからである。しかし，これは最高所得のみについて成り立つ議論であり，限界税率全体が所得の増加と共にどう変化するかについては明らかではない。また，最適な限界税率は逓増するのか，逓減するのか，あるいは，ほぼフラットなのかは明らかではない。

2　労働所得税の経済効果

消費者と生産者の意思決定を反映する，経済行動の指針となるシグナルとして，価格は市場経済において中心的な役割を果たしている。税は購入価格と販売価格との間に楔を打ち込むことにより，価格シグナルを歪める。例えば，所得税は被雇用者が労働の対価として受け取るより，雇用者がより多く支払うことを意味するが，VAT（付加価値税）は消費者が販売価格に対して支払うより，小売業者が少なく受け取ることを意味する。

価格を引き上げて売買数量を減少させることにより，税は生産者と消費者に同様に損失を負わせる。これらの負担の合計はほとんどの場合，徴収税額を超

5　Seade［1977］pp. 205－207. 鈴木将覚［2014］11－12頁。

過する。税デザインの重要な目標は，税制全体としての厚生損失をできる限り減らすことである。

厚生損失の大きさは，課税品目に対する需要と供給の価格弾力性に関係する。生産物に対する需要の価格弾力性が高いほど，それだけ税の増加はその生産物に対する需要を減少させる。それゆえ，高い価格弾力性は税の変化に関する厚生損失が大きいことを意味する。

一般的に，税の変化が人々の経済行動に影響を及ぼす二つの方向がある。すなわち，所得効果と代替効果である。人々の労働決定に対する所得税の増税のインパクトを考察してみよう。労働所得税は，人々が所与の労働時間数で受け取る所得を減少させ，生活水準の低下を防ぐために人々がより多く労働することを促す効果を持つ。これが所得効果である。しかし，当該税はまた，余暇の時間に比べて労働時間を増税前より魅力のないものにし，労働時間の削減を促進させる効果を持つ。これが代替効果である。これらの効果は逆方向に作用する。労働所得税の変化に関して，その影響を先験的に述べることは難しい。

多くの実証研究は代替効果の方が優勢であるということを示唆している。労働所得に対する追加的課税は一般的に労働時間を減少させるが，その効果の強さは労働者のタイプで異なる。インテンシブ・マージン（どれだけ働くか）の方がエクステンシブ・マージン（働くかどうか）より，影響は小さいであろう。これは“*Tax by Design*”の第３章において記述されている重要な洞察である。

労働に関する所得効果と代替効果が存在するのは所得税だけではない。画一的なVATの導入は，所与の所得での購入が減少（所得効果）すること，及び各労働時間でより少ない財の購入（代替効果）となることを意味する。財及びサービスに対する税の増加は直接税を増加させるのと同様に，より多く働くインセンティブを低下させるが，所得税から間接税へと移行すべきだと主張する人々によって看過されている。

税の変化に対するインパクトを評価するとき，これらの効果を測定することは重要である。一般的には，経済行動への影響が少ないところにより高い税率で課税したいだろう。高い税率に反応するグループがあるならば，それに応じた税制を構築すべきであろう。人々が税の変化に反応する時，杓子定規の税制は経済学的観点から言えば，コストがかかる。問題は，より多くの目的に合わせた方法で税制をデザインする便益が，複雑な制度による税務行政費及び納税協力費より勝るかどうかである。ひとつは，可能性のある行動効果が十分に測定されること，コストに対して差別化することから得られる利益に妥協点が見出されることが必要である。

重要なことに，税は経済行動に対する即時効果と共に，長期的な，又はダイナミックな効果を持つ。例えば，高いガソリン税はガソリンの消費に対してより大きな影響があるが，長期的には走行距離への影響は少ない。人々は低燃費車への需要に反応し，自動車産業は低燃費車を供給することに反応するからである。他のいくつかのダイナミックな効果に関しても，影響が小さい例がある[6]。

3　労働所得税の超過負担と所得再分配効果

マーリーズ・レビューにおける望ましい税制とは，経済活動を不必要に阻害しない税制である。具体的には，効率性を達成し，公平で透明性があり，そして税務行政上，簡素な税制である。マーリーズ・レビューはこれらの原則をどのように達成できるか，どのように折り合いをつけるべきか，特に，公平性と効率性のロスとのバランスをどうとるかについて熟考すべき旨を強調している。

効率性と公平性の間でいかに妥協点を探るかという問題は最適課税論の主題であり，経済学者は最適課税の研究に多くの努力を費やしてきた。最適課税に関する多くの研究は抽象的且つ数学的である。しかし，最適課税論は政府が直面している制約の下で望ましい結果を達成するための税制をデザインする方法論を提供するため，最適課税論は税デザインに関する考え方のベースとなる。

最適課税論は，政府の望む再分配及び財源調達と効率性のロスとをバランスさせる課税制度の選択に関連する。最適課税論はこれらのトレード・オフに関

6　Mirrlees［2011］pp. 28－30.

して厳密に考える方法を提供する。そして所得再分配や厚生に関する概念を反映した価値判断が明確になされると同時に，再分配を適切に考慮する効率コストの確保の方法を提供する。

この分野において影響力のある理論的研究は1970年代初頭になされた。その実践的な税デザインに対するインパクトは，理論と応用の両者における発展と共に展開された。最適課税理論は政策目的を明らかにし，当該政策が作用する下での制約条件を確認することから始める。税制は政策目的を達成することが最も望ましいが，一方では制約条件を充足することも最適の条件である。

これらの価値判断にとって何が大切であるかは，所得並びに厚生に対する税制の効果である。マーリーズ・レビューでは，経済効果に関する判断は税収中立の下で様々な所得分配における厚生のウェートに依存するとしている。租税負担の変化は所得分配の状況を変化させる。厚生損失よりも厚生便益に強いウェートを置く場合に限り厚生を増大させる。他の条件を所与とすると，富裕層よりも貧困層の厚生に多くの関心を置くならば，富裕層がより多くの税を支払う世の中を指向する。どれだけ多くを払うかは，不公平に対する関心の程度に依存する。

税率の変化がもたらす行動の変化を評価する必要があると，マーリーズ・レビューは指摘している。一般的に，労働意欲を低下させること，及び納税を減らすことへの誘因により，厚生は失われる。課税がない場合に，人々は労働を選択するとしよう。課税の結果として労働意欲の低下あるいは労働の停止が発生するとき，社会的厚生が低下する。こうした厚生損失は，死荷重又は課税の超過負担として論じられている。厚生損失の大きさは所得分配状況により異なるので，厚生損失も分配的側面がある。この厚生損失の大きさは，賃金と税の変化に対する行動反応に依存する。税制改革は，社会的厚生に大きなインパクトを持つのである。

次に，マーリーズ・レビューは労働所得の税率構造を考察している。税制における累進性に対する多くの関心は，不公平が主として雇用機会の格差により決定されるという事実により動機づけられている。累進的な税制は高所得者に対して高い所得税率を設定する。高い税率は歪みとディスインセンティブを発生させるが，累進性による所得平等化の利益とバランスさせる必要がある。税率をどの程度引き上げるかは，税の変化に対する所得の反応の程度に依存する。低所得者への所得再分配の利益が高所得者の厚生損失とバランスする時，所得税制度は最適となる。

最適課税論は財・サービスに対する望ましい税率構造を考える際に有益であるが，その原則は労働所得と同様である。消費課税は，課税によってもたらされる歪みと同時に，分配効果もある。しかし，最適課税論は，商品に対する差別的税率による分配効果への配慮を常に支持するとは限らない。所得課税が適切にデザインされるならば，その時には累進性の達成に関する限り単一税率による消費課税が正当化される。

最適性の広い概念は考慮すべき他の事柄も含むべきであると，マーリーズ・レビューは指摘する。税務行政費及び納税協力費は，最適課税の算定に組み込むことが望ましい。喫煙者が低所得グループに属していても，多くの政府は喫煙を減らすため，たばこ製品に対して高い税率を課している。このような多様な目的は同時にいくつかの基準の点で，税制がどのように機能するかを考察する必要性を示唆している。

最適課税アプローチは，政府が対処しなければならない全ての制約条件を強調するが，特に課税される個人や企業の行動反応に関する制約条件についてである。政府の限られた情報が税制に制約条件を課しているのである。限られた情報は，課税対象の選択に直接的に影響する。政府は人々の実際の所得を観察することは可能であるが，個々人の潜在的な稼得能力に関して知ることは不可能であり，これが制約である。概して，高い能力の人々が多く稼ぐことは事実である。高能力の人々が直面する税が高すぎるならば，多くの場合，稼ぎを減らすことを選択するだろう。労働所得に対する最適課税は，高所得者の行動における代替効果を考慮しなければならないが，それは最適な累進度を制限する。

これらの反応，及びその政策上の制約に関する理解が，税分析の進歩を促進している。いくつかの分野において，経済的な理解と政策が連動してきているが，政府がいまだに理解に苦労している制約及び行動反応もある。これらは最適課税論の現実への適用において限界となっている[7]。

第2節　最適労働所得税の考え方

1　所得効果と代替効果

以下では，最適な労働所得課税について，マーリーズ・レビューが示した論点を中心に詳しく考察する。多くの先進国において，労働所得に対する税率表はかなり複雑であるが，課税される所得及び給付後の総所得額（実効税率）に注意を要する。実効税率表は，所得税や，雇用者負担の所得関連の社会保障負担，給付，及び税額控除等の相互作用によって複雑化している。

労働所得税と給付の組合せは，所得効果及び代替効果によって，人々の労働意欲に影響を与える。税率の引き下げを例にとってみよう。十分な所得のある労働者は，税率の引き下げで可処分所得を増加させ，あるいは労働時間を削減するだろう。同時に，所得の低い労働者は，労働時間を減らすよりはむしろ増やすだろう。限界税率の引き下げの効果は労働者によって異なる。

税率を引き下げる改革の場合，代替効果と所得効果は人々の間で均衡するかもしれない。ある者は労働を減らし，他の者はより多く働く。結果的に，税率を下げても税収は維持されるかもしれない。もちろん，税率の下げ幅にもよる。

税率表をデザインする際に，様々な世帯に対する税率表の効果を考慮することが重要である。これまでの経験から言えることは，次の通りである。

- 代替効果は一般的に所得効果より大きく，増税は労働供給を低下させる。
- 低所得者においては，インテンシブ・マージンに対する反応より，エクステンシブ・マージンに対する反応が大きい。
- インテンシブ・マージンとエクステンシブ・マージンへの反応は，学童のいる母親と50歳以上の女性において大きい。

7　Mirrlees［2011］pp. 35－39.

マーリーズ・レビューは，税率表をデザインする際に，税の変化に対する他の反応も検討する必要があると指摘している。つまり，労働意欲の変化，転職，職業訓練，自営業者になること等を決定するかもしれないし，あるいは租税回避の方法を模索するかもしれない。これらの効果は長期において明らかとなるものである。課税の所得弾力性はインテンシブ・マージンとエクステンシブ・マージン，及び所得効果と代替効果を含む。課税の所得弾力性は税負担に影響を及ぼす全ての反応を含むのである。

税率の変化に対する課税所得の反応が大きいほど，それだけ税率の引き上げによる税収の低下は大きい。所得弾力性が大きいほど，税収1単位当たりの厚生損失はそれだけ大きくなる。

これは課税ベースの問題でもある。例えば，所得控除が可能な年金掛金拠出の増加は課税所得を減少させるが，追加的な年金を受給する将来の課税所得を増加させるので，現在だけの課税所得を考察することは完全な構図を描くことにはならない。熱心に働かず，所得を減らすことは，支出及び課税所得の減少を意味するが，単に所得税を避けるために再分類される所得は，支出されるときにVATが徴収される。

所得弾力性は課税ベースを決めるルールを改革することで変えることができる。税制において，免除，控除，及び低税率国への所得移転を通して申告所得を減らす機会が少ないほど，税率の増大による税の増収はそれだけ容易となり，結果として課税の所得弾力性は小さくなる。したがって，必要な税率の引き上げは小さくなる。

また，特に低所得者に関して，時給や他の所得の変化に対する労働時間と雇用の反応に関する多くの研究がある。高所得者及び自営業者に関しては，マーリーズ・レビューは最高税率の設定を検証するため，課税の所得弾力性の大きさに関するデータを用いている[8]。

最適税率に関するマーリーズ・モデルを用いて，英国政府は社会的厚生と税

---

8 Mirrlees［2011］pp. 55－58.

収を最大化するような税と給付制度をデザインしようと試みている。最適な最高限界税率を決定するために，最高税率の僅かな上昇が社会的厚生に与える様々な事象について考察する。これには正の事象と負の事象があるが，相殺され最適になるため，税率を変化させないで政府の目標は達成できる。

所与の水準以上の所得に最高限界税率を適用することによる社会的厚生に対する三つのインパクトは次の通りである。第１に，行動反応がない場合には，最高限界税率を上げると政府の税収は増加する。これは税収に対する機械的な反応であり，政府支出や所得再分配を通じて社会的便益となる。第２に，最高限界税率の引き上げについては，最高所得階層に代替効果を生じさせる。このような行動反応は社会的コストと政府の税収減をもたらす。第３に，最高限界税率の上昇は最高所得階層の厚生を低下させ，厚生損失の大きさは政府の再分配政策に依存する。

最適な限界税率は限界費用と限界便益が調和するところである。厚生効果が僅かな場合には，政府は税収の機械的増加と行動反応による税収ロスとが等しくなる分岐点まで最高限界税率を増加させるべきである。この時，最高所得階層の納税者からの徴収額が最大化されるように，最高限界税率は設定される[9]。

2　個人所得課税と望ましい税率

(1)　所得再分配と就労インセンティブ

所得税と給付は人々の就労インセンティブに影響を与えるが，一般的に，給付による所得再分配が多いほど，行動反応はそれだけ大きくなる。単純な一種の「負の所得税」制度を考えてみよう。負の所得税は，ノーベル経済学賞を受賞したM. フリードマンにより提唱された仕組みで，一定レベルの収入に達しない場合に給付するものであり，収入が低くなるほど給付額は増える。

この負の所得税制度において，政策立案者が直面する問題は所得保障，及び限界税率を決定することである。所得保障の金額が大きいほど，所得保障を賄

9　Mirrlees［2010］pp. 101－102.

うため多額の税収が必要となり，限界税率はそれだけ高くなる。高い所得保障は低所得者の就労インセンティブを低下させるが，中高所得者についても高い限界税率は多く稼ぐインセンティブを低下させる。

生活保護や失業給付のような制度において，低所得者に対する給付は速いスピードで縮小するのである。給付が高いほど，追加1ポンド稼ぐための低所得者のインセンティブは弱くなる。これが所得保障制度の問題である[10]。

⑵ 労働所得税の課税ベース

課税に対する人々の反応は限界税率だけではなく，課税ベースにも依存する。納税者が高い税率に対して課税所得を減少させると，課税ベースは狭くなる。1980年代，米国では課税ベースを拡大する改革が実施されたが，これにより税収は増加した。課税ベースと税率デザインの問題を同時に考えることが肝要である。

所得税の課税ベースは，原則として現物給付を含む全ての報酬を包含すべきであり，それに労働関連の支出（雇用者又は被雇用者による支払）のような所得を生み出すコストの全てを控除すべきである。報酬形式による優遇は重課される人々に対して潜在的に不公平であり，税の軽課形式へ報酬をシフトさせ，被雇用者と国庫の両者にとってロスとなる。報酬を稼得するためのコストは，労働から発生する利益の一部ではないため控除されるべきである。しかし，この原則を実際の課税に当てはめようとすると，多くの問題が発生する。

報酬と支出の何れも，容易に測定可能ではない。非現金報酬を評価することは困難であり，また労働のための支出を消費支出と区別することはさらに困難である。ビジネスと個人の両方の用途に使用されるノートパソコン，スーツ，及び社用車はどのように取り扱われるべきであるか。保育費用は労働の必要経費として，どの程度なのか。消費活動それ自体の評価に対して，将来所得を生み出す投資としての教育が寄与しているのはどの程度なのか。オフィスにおけ

---

10 Mirrlees［2011］pp. 58－60.

る十分なスペースの確保，社員食堂，駐車場スペース，レクリエーション・ルーム，弾力的な労働時間等の快適な労働環境を提供するのはどの程度までか。すなわち，人々が生産的に労働することを可能とするコスト，さらに高い給料の代替として，どこまで報酬の形とするのかである。

これらは単に所得税だけの問題ではない。ビジネス（労働関連）コストから消費支出を区別することは，同様に付加価値税（VAT）の問題でもある。費用の支出が控除可能であるとする一般的なルールはあるが，実際には労働関連支出を検証するのは難しい。一般的には，所得を軽課税の形態へ持っていく機会や，所得を低課税の国へ移転する機会，免除，控除が多いほど，労働所得から税を徴収することは困難となる。

さらに，租税回避の問題がある。個人所得税率が引き上げられると，脱税の増加，ビジネスの会社形態へのシフト，慈善的贈与のような控除可能な消費的活動等が増大する可能性がある。税制上優遇されるキャピタルゲインとして多くの所得を得るために，ポートフォリオを再調整するかもしれない。高税率に対するこれらの反応は，課税所得額の減少をもたらす。高所得の個人にとって，限界税率に対する課税の所得弾力性はかなり大きいと考えられる[11]。

(3)　最高税率

最高所得階層の課税所得が税率の変化に反応しないならば，最高税率の引き上げは政府収入を増加させるが，徴収額は最高所得階層の人数に依存する。最高税率の引き上げは，最高所得階層の納税者にとって課税所得を減らすインセンティブとなる。

限界税率を引き上げると，正・負二つの社会的厚生効果が生じる。プラス面は，これらの税収増により所得再分配が改善することである。マイナス面は，税の歪みが増大することである。これらの効果が所得分配全体に亘って均衡するならば，その限界税率は最適であるという考え方がある。

11　Mirrlees［2011］pp. 62－64.

どの程度の最高税率が実施可能かを導くため，マーリーズ・レビューは最高所得階層からの税収を最大化する税率について考察している。この論の前提は，最高所得階層の厚生を無視し，所得の（限界）厚生価値をゼロとすることである。社会が最高所得階層に属する人々の厚生に価値を置くのならば，最高税率はより低くなる。これらの問題は，マーリーズ・レビューが英国における高所得者に対する税率設定を考察する際の焦点となっている[12]。マーリーズ・レビューは所得税の最高税率を決定する式を次のように示している[13]。

$$\tau^* = \frac{1}{1 + a \cdot e}$$

τ^*は税収を最大にする高所得者に対する最適限界税率を示し，aは比率$\frac{z}{z-\bar{z}}$（zはトップのブラケット（$\bar{z}$超の所得）に属する納税者の平均所得）を表し，最高所得層の所得分配の厚みを表す尺度である。最適税率は弾力性eとパラメータaに依存する。

さて，英国では2010－2011年度から，15万ポンド超の所得に対して，50％の最高所得税率が適用された。英国政府は，これが直接に影響を及ぼすのは約4,900万人の成人のうち，27.5万人だと推計した。最高税率が適用される人々は少数であるが，重要な税源である。

税率に対する課税所得の反応は所得階層のトップでかなり高くなるが，主な理由は，高所得者の就労決定や労働時間が税率に対して弾力的なためではなく，納税額を最小化する方法を見つけるからである。つまり，時間当たりの労働意欲を低下させること，年金や慈善団体により多く寄付すること，所得をキャピタルゲインへと転換させること，会社を設立すること，租税回避を行うこと，さらには英国を離れること等の方法がある。

人々が高い税率に反応して課税所得を減らす方法は数多くある。ある点での税率の引き上げは税収を引き上げるというよりも，費用が上昇し始めるが，問題はそれがどの点であるかである。Brewer，Saez，及びShephardは最高所得

12　Mirrlees［2011］pp. 64－65.

13　Mirrlees［2010］p. 102.

１％に関して，この問題に的確に答えている。彼らの推計によると，このグループの課税の所得弾力性は0.46であり，税収を最大にする税率は56％であることを意味する。これは所得税率40％に等しい。この推計によると税率50％の導入は実際には税収を減少させた。50％の税率は最高所得者から収納する税収を最大化するものではないため，2012年度に廃止された。

しかしながら，税収最大化の所得税率が40％という推計も不確かなものである。40％という値は主として1980年代後半に税率が変化した時に起こったことに基づいている。税変化に対する人々の対応能力は，その時以来かなり変化してきている。国際的な移動性や複雑化した金融商品の利用可能性の増大は人々の反応の範囲を増大させているが，一方で，税回避防止手段の成功がそれを低下させている。

このように，税収を最大化する最高税率がどんな値であるかについての意見の一致はない。説得力のある証拠がないなかで，政策は決定されなければならないが，英国財務省の最良の推計は50％の税率が最大の税収をもたらすということである。

さらに，マーリーズ・レビューは，次のことを忘れるべきではないと指摘している。税収を最大化する税率それ自体は，最高所得層に課すべき税率と必ずしも同じではない。最高所得層の厚生に価値を置き，長期の行動に関心があるのであれば，税収を最大化する税率よりも低い税率を設定すべきだと言える[14]。

⑷　望ましい所得税率表

社会的見地から，分配上の目標を達成し，課税による超過負担を最小化すると共に，所要の財源調達を可能とする望ましい税率表が設定されなければならない。すなわち，公平，中立，及び財源調達に適う税率表である。

個人所得税においては，所得階層ごとに異なる限界税率を設定する累進的な税率表が構築されなければならない。最適課税アプローチは，税率表が最適と

14　Mirrlees［2011］pp. 108－110.

なることを求めるが，所要の財源調達を前提としている。税収中立の条件は財源の裏付けのない税率表の誤りを回避する。例えば，負の所得税の場合，所得保障を増大させると，税率の引き上げにより財源を確保する必要がある。

適切な税率表の設定に関する研究は不十分であるが，マーリーズ・レビューはいくつかのアイデアを提示している。税率表を設定するとき，ひとつの問題は各税率が適用される課税所得の階層（ブラケット）の設定を多くするのか少なくするのかである。多く設定すればブラケットは狭くなり，税率の数は多くなる。多くの国でブラケットは広くとられており，税率の数は少ない。特に英国では所得税率は20％と40％しかない（高所得者には45％がある）。税率の数が少なければ，税制は簡素となり，且つ所得が増えても限界税率が急には上がらないことになる。

課税に対する労働供給の弾力性の観点から，労働者を次の三つのグループに分類することができる。第１に，税率が変化しない所得階層の労働供給は変化しない。第２に，税率が変化する所得階層では，どんな所得額であれ，より高い限界税率に直面して課税による代替効果が発生し労働供給は減少する。第３に，税率が変化する所得階層の所得は減少するが，代替効果はない。すなわち，課税による代替効果と所得効果の両者ともないグループ，代替効果を有するグループ，代替効果がなく所得効果のあるグループである。

税率の増大による効率性のロスを決定するのは，労働供給における代替効果とその所得階層に属する人数である。ある所得階層に対する最適な税率は当該所得階層を超える人々の割合にも依存する。この割合が高いほど，最低所得層に対する再分配に利用可能な税収額は大きくなる。最終的には，最適税率は様々な人々に提供される厚生のウェートに依存する。不公平度が大きいほど，再分配の恩恵を受ける人々の相対的ウェートは大きくなる。

税率表の構成はインテンシブ・マージンにも関係するが，低所得者に関するエクステンシブ・マージンも重要である。そのため，低所得者の税率は低くすべきだと考えられる。税率の引き下げは労働供給の誘引となるが，その場合，インテンシブ反応とエクステンシブ反応を分けて考える必要がある。エクステンシブな労働供給反応が十分に高い場合，所得補助を与えることが最適となり得る。これは，勤労税額控除のような労働供給を促進する狙いからである。低所得者に対する税率の引き下げは高所得者の低い就労インセンティブとバランスをとる必要がある[15]。

最高所得層の厚生にどのように価値を置くかによって最高税率は変化する。高所得層や低所得層に適用する所得税率は，課税による超過負担や税収をいかに考えるかに依存する。公平性に対する社会的選好が大きければ，より高い超過負担を受容し税率は高くなるが，公平に対する選好を所与とすると，代替効果が大きいほど最適税率は低くなるであろう。

マーリーズ・レビューが指摘しているように，租税システム全体，さらに給付を含む財政システム全体において，公平，中立，財源調達のバランスのとれた累進税率の設定が肝要である。

3　個人単位課税と世帯単位課税

ここではあるべき課税単位とは何かという問題を論じる。所得を租税負担能力の指標とする個人所得税は財源調達において優れていると共に，課税単位や人的控除，累進税率等の適用により，納税義務者の経済的状況に応じた負担配分が可能となり，公平性の観点からも支持される。課税単位を個人とすべきか世帯とすべきかについては，これまで明確な結論が得られていない。以下では，各国の制度を概観する。

(1)　課税単位の類型と租税原則

課税単位をみると，個人単位課税と世帯単位課税に分類され，さらに，世帯単位とする場合には，夫婦単位と子供を含む家族単位に分類される。世帯単位課税には，世帯の所得を合算して税率表を適用する合算非分割課税方式と，世帯の所得を合算した上で分割しそれぞれの所得に対して税率表を適用する合算

15　Mirrlees［2011］pp. 60－62.

分割課税方式がある。

夫婦共稼ぎ世帯に対する課税方法は３種類ある。第１は夫婦の所得を合算し累進税率を適用する。第２は個人単位課税で夫婦の所得を別々に課税し同じ累進税率表を適用する。第３は差別的課税で第１稼得者と第２稼得者を分離し第２稼得者に対して第１稼得者より低い累進税率表を適用する。

さらに，合算分割課税制度には２分２乗のような世帯の所得を合算し均等分割する方式とＮ分Ｎ乗のような世帯の所得を合算し不均等分割する方式がある。以下，累進税率を前提として個人単位課税と世帯単位課税の特徴を公平，中立，簡素の点から考察する[16]。

① 個人単位課税

個人単位課税では，個人間の公平性（同額の所得を持つ個人は同額の税負担）は確保される。しかし，世帯間の公平性（同額の所得を持つ世帯は同額の税負担）は阻害される。具体的には，世帯所得が同じケースでは，共働き世帯と比べて片働き世帯の税負担はより重くなる。

個人単位課税では，結婚をしても税負担の総額が変化しないことから，結婚に対する中立性（個人が結婚するか否かの選択の際に，課税単位が影響を及ぼさないこと）が確保される。さらに，個人単位課税では，就労に対する中立性（専業主婦が新たに仕事に就くか否かの選択の際に，課税単位が影響を及ぼさないこと）が確保される。さらに，個人単位課税は，納税義務者及び税務当局の立場のいずれの観点からも簡素である。

② 世帯単位課税

合算非分割課税及び合算分割課税（２分２乗）では，世帯間の公平性は確保されるが，合算分割課税（Ｎ分Ｎ乗）では子供の数により税負担が大きく変わる。合算非分割課税は，共稼ぎ世帯に不利となり，合算分割課税における２分２乗及びＮ分Ｎ乗は，単身者に不利となる。

世帯単位課税では，合算非分割課税及び合算分割課税のいずれも中立性が阻

16　鎌倉治子［2009］107－109頁。

害される。すなわち，合算非分割課税では，結婚へのペナルティー（結婚により税負担の総額が増加）が生じ，合算分割課税の２分２乗とＮ分Ｎ乗では，個人単位課税と比べて，結婚により税負担の総額を減少させる。

世帯単位課税では，程度の差はあるものの就労に対する中立性が阻害される。つまり，合算非分割課税では妻の所得は夫の所得と合算され，高い限界税率が適用されるため，中立性が最も阻害される。合算分割課税における２分２乗のケースも，女性の労働参加が阻害される。合算分割課税におけるＮ分Ｎ乗のケースも中立的ではない。Ｎ分Ｎ乗によって所得税の累進度は大きく低下する。その結果，就労が阻害される度合いは比較的弱くなる。世帯単位課税は，納税義務者及び税務当局の立場のいずれの観点からも煩雑となる。

個人単位課税のメリットは，公平に関して，個人間の公平性が確保されることであり，また結婚及び配偶者の就労に関しては中立性が確保されることである。一方，デメリットは世帯間の公平性が阻害されることである。

世帯単位課税は生活の実態に適合しており，世帯間の公平性は確保される。一方，デメリットは結婚及び配偶者の就労のような個人の選択に対して中立的でないこと，及び合算分割課税においては，高所得者ほど恩恵を享受することである。

このように，個人単位課税及び世帯単位課税のどちらにおいてもトレード・オフが発生する。課税単位の選択において，公平性あるいは中立性のどちらをより重視するかは，政策判断に依存する。しかし，実際の各国の制度は多様であり，純粋な個人単位課税や純粋な世帯単位課税はみられない。それは，各国の所得税制には，民法上の夫婦の財産制度，歴史的経緯等，様々な要素が反映され，個人単位課税の短所を緩和するために基礎的な人的控除の設定，世帯単位課税の短所を緩和するために複数税率表の採用というような，各種の調整措置が設けられているためである。

(2) 各国の課税単位の類型

各国の課税単位を考察してみよう[17]。1970年代以降，多くの国が世帯単位課税から個人単位課税に移行した。その理由として，所得が個人ごとに発生する傾向が強まったこと，給与を得て働く女性が増加し従来の合算方式の累進税率では結婚に対するペナルティーが発生すること，及び社会における個人の尊重意識が強まったこと等が指摘されている。

労働所得に関して，英国や日本等の多くの国では，個人単位課税を採用している。米国やドイツ等は，個人単位課税と世帯単位課税の選択制を採用している。フランス等少数の国は世帯単位課税であるが，N分N乗を採用している国はフランスのみである。

表3－1　各国の課税単位

（2015年1月現在）

<table>
<tr><th>類型</th><th colspan="3">仕組み</th></tr>
<tr><td>個人単位課税</td><td colspan="3">稼得者個人を課税単位とし，稼得者ごとに税率表を適用
英国：1990年4月に合算非分割課税から個人単位課税に移行</td></tr>
<tr><td rowspan="3">世帯単位課税</td><td rowspan="2">合算分割課税</td><td>均等分割（2分2乗）</td><td>夫婦を課税単位として，夫婦の所得を合算して均等分割（2分2乗）課税
ドイツ：単一税率表制度（独身者と夫婦に同一の税率表を適用）
米　国：複数税率制度（異なる税率表を適用），夫婦共同申告について夫婦個別申告の所得のブラケットを2倍にしたブラケットの税率表を適用する実質的な2分2乗制度）</td></tr>
<tr><td>不均等分割（N分N乗）</td><td>夫婦及び子供（家族）を課税単位とし，世帯員の所得を合算し分割課税（N分N乗）</td></tr>
<tr><td colspan="2">合算非分割課税</td><td>夫婦を課税単位として，夫婦の所得を合算し非分割課税</td></tr>
</table>

（注）英国と日本は個人単位課税，米国及びドイツは世帯単位課税（合算均等分割，夫婦単位）と個人単位課税の選択制，フランスは世帯単位課税（合算不均等分割，家族単位）である。

（出所）財務省ホームページhttp://www.mof.go.jp/tax policy/summary/income 029（2016／10／25），及び鎌倉治子［2009］108頁を基に作成。

17　鎌倉治子［2009］109－113頁。

英国では，1799年に最初の所得税を導入して以来，1971年まで，夫婦を課税単位とし，合算非分割課税を行ってきた。合算非分割課税は結婚へのペナルティーが大きい制度である。就労する既婚女性の激増，専門的で高所得を得るような職業への進出の増加から，1971年以降，合算非分割課税と個人単位課税（妻の労働所得を夫の所得から分離）の選択制が認められるようになった。1990年からは完全な個人単位課税に移行している。

日本は家族単位課税であったが，第２次世界大戦後，シャウプ勧告により家族合算制度の廃止が勧告され個人単位課税に移行した。なお，資本性所得（利子所得，配当所得，不動産所得）に関しては，家族内の所得分割を防止する観点から，引き続き家族単位で合算課税されていたが，平成元年度の税制改革で個人単位課税となり現在に至っている。

米国では，1913年に所得税が導入された。当初は，個人単位課税であったが，1948年に世帯単位課税（２分２乗）と個人単位課税との選択制になった。しかし，当初の簡素な２分２乗制度の下では，特に片稼ぎ且つ高所得の既婚者に対する結婚へのギフトが大きいことから批判が起こり，複数税率表（1961年に独身者の税負担軽減のため，単一税率表制度から複数税率表制度へと変更）の併用による折衷的な２分２乗制度へと改革された[18]。その結果，夫婦２人が同程度の所得を得ている共稼ぎ世帯には結婚へのペナルティーが生ずることとなる一方で，片稼ぎ世帯は共同申告を選択することによって２分２乗の恩恵を受けることとなった。

2000年代のブッシュ政権下における税制改革で，税率15％の所得階層に関しては共同申告の既婚者の上限額が独身者の上限額の２倍まで引き上げられた。その結果，この範囲内では結婚へのペナルティーが解消された。

18　税率表の種類は，個別申告を選択する既婚者用，共同申告を選択する既婚者用，単身者用，単身世帯主（ひとり親）用の４種類である。単身者の適用税率は同額の所得を有する既婚者の税率に10％～20％上乗せする範囲に止められた。既婚者に関しては，共同申告のブラケットの刻み幅が個別申告の２倍に設定され，共同申告を選択すれば引き続き２分２乗の恩恵を受けられることとなった。単身世帯主の税率表は既婚者と独身者の中間とされた。鎌倉治子［2009］111頁。

表3－2　米国の個人所得税の税率表（2008年）

（単位：ドル，％）

単身者	既婚者（個別申告）	既婚者（共同申告）	単身世帯主	税率
0－　8,025	0－　8,025	0－　16,050	0－　11,450	10
8,025－　32,550	8,025－　32,550	16,050－　65,100	11,450－　43,650	15
32,550－　78,850	32,550－　65,725	65,100－131,450	43,650－112,650	25
78,850－164,550	65,725－100,150	131,450－200,300	112,650－182,400	28
164,550－357,700	100,150－178,850	200,300－357,700	182,400－357,700	33
357,700－	178,850－	357,700－	57,700－	35

（出所）　鎌倉治子［2009］112頁を基に作成。

フランスでは，一般所得税導入以来，家族単位課税（導入当初は合算非分割課税）である。1945年，戦争による人口減少へ対処するための人口政策としてＮ分Ｎ乗（家族除数）制度が採用された[19]。この制度は，子供の多い世帯ほど税負担が軽減され手厚い配慮がなされているため，戦後のフランスの人口増に貢献したと評価されているが，高所得世帯のみを優遇するものであるとの指摘もある。

(3)　英国における家族の取り扱い

1970年の所得税法及び法人税法は，夫婦を単一の課税単位と規定し，課税される女性の所得は夫の所得とみなされた。しかしながら，男女を中立的に取り扱う税制の導入に関するコンセンサスが持ち上がった。そこで，1990年の税制改革では，夫と妻に関して独立した原則に基づき課税され，夫又は妻のどちら

19　Ｎ分Ｎ乗方式の概要は，次の通りである。家族（夫婦及び子供）の全員の所得を合算する。その合算した所得を家族の構成に応じた家族除数（Ｎ）で分割し１単位当たりの所得を算出する。１単位当たりの所得に税率表を適用し１単位当たりの税額を算出する。そして，１単位当たりの税額に家族除数（Ｎ）を乗じて税額を算出する。

家族除数に関しては，次の通りである。単身者：１，夫婦：２，扶養児童：第１子，第２子がそれぞれ0.5，３人目以降は１人当たり１である。ひとり親の場合は扶養児童１人につき0.5を加算する。

鎌倉治子［2009］113頁。

でも適用可能な配偶者控除が導入された。このように男女の等しい取り扱いは確立されたが，子供のいる既婚又は未婚の人々は，1973年以降，追加的人的控除によって同等に取り扱われ，子供のいる未婚者に対する控除は配偶者控除と同じように定められた。しかし，子供のいない人々に対しては不公平な取り扱いが存続した。

1993－2000年の間に，配偶者控除と追加的人的控除は縮小し，2000年4月に廃止（その日で65歳又は65歳超の人々に対する配偶者控除を除く）された。その一年後，子供のいる人々の税負担縮小を目的として（旧）児童税額控除が導入されたが，既婚，未婚の区別はなかった。一方では，1999年10月，家族控除に代わり，子供のいる低所得世帯に対する労働支援である勤労家族税額控除が導入された。2003年4月には，（旧）児童税額控除と勤労家族税額控除に代わり，児童税額控除と勤労税額控除が導入された。児童税額控除は，子供のいる低所得世帯に対する支援であるが，勤労税額控除は子供の有無，既婚非婚とは無関係に労働に従事している低所得世帯に対する支援である。要するに，過去20年間に亘り，英国の所得税は結婚に対する支援から，子供に対する支援へ移ったのである[20]。

4　低所得層への課税と給付

マーリーズ・レビューは所得税制度と社会保障の給付制度を統合的に考察すべきであるとしている。個人所得税制度と給付制度は首尾一貫したものであるべきであり，そして所得分配状態及び就労インセンティブに対する反応を考慮してデザインされるべきである。英国税制は，次の点において首尾一貫性を欠いていると，マーリーズ・レビューは指摘している。

すなわち，給付制度が有職者及び無職者の両者にとって複雑すぎるため，高い税務行政コスト及び心理的コストを発生させている。税務行政，所得の定義，

20　Mirrlees［2010］pp. 16－17.

評価基準によって様々な給付制度が存在する。ミーンズテストの重複による多様な給付制度のため90%超の限界実効税率に直面する人々が存在する。このような給付制度は複雑で不公平，且つ非効率であり，簡素化され統合されるべきである。英国政府は制度改革を推進してきたにもかかわらず，給付のタイプごとの評価期間（給付は週又は月単位，課税は１年単位）や評価単位（給付は世帯単位，課税は個人単位）の相違を統一するには複雑すぎる旨を，マーリーズ・レビューは指摘している。

さらに，所得分布の下位に近い人々の就労インセンティブ及び行動反応について論じている。労働時間に関する意思決定であるインテンシブ・マージンと同様に，働くかどうかの意思決定であるエクステンシブ・マージンに焦点を置いている。その中でも，エクステンシブ・マージンの重要性をマーリーズ・レビューは強調している。特に低所得者に対する税率を低くし，労働参加を高めるべきだと主張しているが，これは妥当であろう。

低所得者の中には支援の適用がなくなる時に，非常に高い限界税率に直面する労働者がいるが，限界税率の引き下げ（給付の縮小をゆるやかにすること）にはコストがかかる[21]。

21　Mirrlees［2011］pp. 481－482.

第4章

資本所得税のあり方

資本所得に関する考察は，労働所得税を検討する場合に不可避である。資源配分の観点から資本所得を非課税にすべきとの論もあるが，公平性の点から非課税という選択は非現実的である。マーリーズ・レビューは資本所得を課税ベースに含めるべきであると主張している。

資本所得の取り扱いに関しては，各国の経済社会の状況を反映している。望ましい税制は，中立性と公平性とのバランスが重要である。

こうした点を踏まえ，第1節では，資本所得税に関する種々の論を批判的に検討し，マーリーズ・レビューにおける資本所得税の提案を考察する。第2節において資本所得税と労働所得税に関して考察した後，第3節では，各国における資本所得税の実状を概観する。

第1節　資本所得税とマーリーズ・レビュー

労働所得は労働への従事から派生し，労働者の教育や職業訓練のレベル等を反映するだろう。一方，資本所得は過去の労働所得から貯蓄された資本等から発生する。貯蓄や資本選択の決定は税制から影響を受けるため，現在及び将来の課税について考察する必要があり，1時点における租税の賦課に焦点を当てる議論は不適切となる。この点は，資本所得を考える場合に重要である。ライフタイム・ベースで区別することはインターテンポラル・モデル（異時点間の消費の配分を考えるモデル）の基礎となる[1]。

1　Mirrlees［2010］p. 558.

最適課税論は労働所得を対象とすることが多いが，資本所得をゼロ課税にすべきであるとする論もある。それはChamley［1986］とJudd［1985］の無限視野モデルとAtkinson - Stiglitz［1976］の定理と関連している。前者は複数世代に亘る経済状態を考察し，後者は単一世代の生涯に亘る意思決定の観点からこの問題を分析している[2]。一方，マーリーズ・レビューは資本所得を課税すべきであると主張している。資本所得も課税すべきであるとの議論が増えている。本章ではこれらの議論を概観し，資本所得に課税すべきかどうかを明らかにする。

1　Chamley - Juddの論

Chamley［1986］とJudd［1985］は，無限視野モデルを用いて，最適な資本所得税率はゼロであると主張した。このモデルは資本所得に対する課税は将来消費に大きな歪みをもたらすと結論づけている。資本所得税率を正とした場合，現在消費と将来消費の間で発生する税の楔が時間的視野の広がりに伴い拡張する。時間の経過が長くなるにつれ，賃金が低下し貯蓄が弱くなる。このマイナスは，資本所得税による再分配のメリットをはるかに上回るため，資本所得税はゼロとなる。時間的視野が無限に拡大することによる最適資本所得税率はゼロとすべきであるとする論である。しかし，現実の家計が無限視野を持たないことは無限視野モデルへのひとつの批判となる[3]。

Feldstein［1978］は「資本所得税を引き下げ，その税収減を労働所得税の増税で賄うと，個人の貯蓄は増加するとの論は間違いである」[4]と指摘して，厚生損失の観点から資本所得に課税すべきであると主張している。資本所得税の引き下げは将来の消費財の価格が下がることと同じである。したがって，同程度の消費を将来も行う個人は現在の貯蓄を減らすことができるため貯蓄は減る

2　労働所得と資本所得の両源泉をどのように結合させるかに関する文献はほとんどない。Mirrlees［2010］p. 552.

3　鈴木将覚［2014］15－16頁。Chamley［1986］pp. 607－22，Judd［1985］pp. 59－83.

4　Feldstein［1978］p. 30.

可能性が高い。ライフサイクルで考えると，労働に従事する期間はより多くの税を支払うが，リタイアした後は僅かしか支払わない。ゆえに，労働期間の可処分所得は減少し，また，将来消費の価格は低下するため，現在の貯蓄を減らす。現在の貯蓄が減り（消費は増え），将来の消費水準は同じことから厚生は上昇する。こう考えると，資本所得税は貯蓄を増やすことになる。

マーリーズ・レビューは，後述するBanks - Diamondの論を踏襲している。すなわち，長期間をとれば資本所得には課税すべきではないというChamleyとJuddの結果は政策的には望ましくないと結論している。

2　Atkinson - Stiglitzの論

もうひとつの資本所得ゼロ課税の論はAtkinson - Stiglitz［1976］である。Atkinson - Stiglitzは，家計の選好が余暇と消費に関して弱分離可能（weakly separable）に表されるとき，物品税率は全ての財に対して一律に設定されることが望ましいとするものである。Atkinson - Stiglitzは，個人の効用関数（U）が消費［第1財（C_1），第2財（C_2）］と余暇（L）に関して弱分離すなわち，

$$U = U\{v(C_1,\ C_2),\ L\}$$

である場合には，余暇と第1財，第2財それぞれとの補完性が同じになる。この式の下では，物品税率は第1財と第2財に対して一律に設定するのが最適となる。最適な非線形所得税がある場合には物品税はそれと重複するものとなり不要である[5]。この定理は資本所得税に応用される。

個人を第1期の現役期と第2期の引退期の2期間に分ける。第1期では労所得を消費と貯蓄に振り分ける。第2期では第1期の貯蓄は消費に充てられる。就労期の貯蓄から派生する資本所得に対する課税の可否が問題である。

第1期に，労働所得から貯蓄が行われ（この時，物品税がないものとする），第2期に，第1期の貯蓄の利子に課税される。利子は将来消費に充てられるため，第2期の消費に物品税を課税することと同じとなる。つまり，物品税は資

5　鈴木将覚［2014］15頁。Atkinson and Stiglitz［1976］pp. 63 − 66.

本所得（利子）に課税するのと同じ効果がある。ところが，物品税率は二つの財に同じ率でかけることが最適であることが分かっている。したがって，資本所得はゼロ課税とし，所得再分配は労働所得税で行えばよいことになる。

このようにAtkinson - Stiglitzの定理において，最適資本税率はゼロになる。しかし，資本所得のゼロ課税という結論は非現実的な仮定から導かれており，Atkinson - Stiglitzの論を否定する論文が増えている[6]。

Erosa and Gervaisは多期間の世代重複モデルを用いて最適な資本所得税率はゼロにはならないことを示した[7]。この多期間のライフサイクルモデルでは，政府は個人が労働する各年において異なる税率で労働所得に対して課税することが最適になる。年齢と共に余暇への選好が強まるので，労働供給は減っていく傾向がある。これは社会的には望ましくないので，労働所得の税率を年齢と共に下げればよい。Erosa and Gervaisによれば，年齢と共に税率が低下する労働所得税があれば最適資本所得税率はゼロになる。しかし，年齢別の労働所得税がない場合には資本所得税によってこれと同等の効果を作り出すことが最適になる。また，労働所得と資本所得を区分して課税することが難しい場合があるという理由から正の資本所得税を正当化する意見もある[8]。

資本所得は課税ベースとして重要であるとするDiamond - Saez［2011］は，次の４点から資本所得は課税すべきであるとしている。まず，資本所得と労働所得とを区別するのが難しい場合がある。第２に，所得と貯蓄率の間には正の相関関係がある（高所得者の貯蓄率は高い）。第３に，借入をする人々の税負担を軽減することは正当化されようが，資本所得税はその財源となりうる。最

6　Mirrlees［2010］p. 561.

7　鈴木将覚［2014］16頁。

8　北欧諸国の二元的所得税における最大の問題点として労働所得から資本所得へのシフトがある。鈴木将覚［2014］17頁。個人事業者やオーナー経営者の場合には，自らが受け取る労働所得と資本所得を明確に分類することが困難であり，本来労働所得に区分すべき所得を税率の低い資本所得へシフトするインセンティブが生じる。このような恣意的な所得分割を排除するために，ノルウェーでは2006年に株主所得税が導入された。鈴木将覚［2014］24頁。

後に，将来の不確実な賃金が現在の労働供給を過度に促進する場合，資本所得税は過度の労働供給と貯蓄を抑制しうる[9]。

3　Banks - Diamondの論

資本所得への課税は正当化されようが，その最適な方法についての意見の一致はまだ見られない。Banks - Diamondは，資本所得に対する課税方法として以下の３点に焦点を置いている[10]。第１は，資本所得は北欧諸国の二元的所得税のように一定税率か，労働所得に対する限界税率に関連づけるか，又は全ての所得に対して同じ税率で課税するかである。第２は課税目的のために資本所得から正常収益を控除してネットの支払いとするかということである。第３は税率構造が複雑化する場合，納税者の年齢に基づいた所得税率に価値を見出すことができるのかである。さらに，これを資本所得に適用する価値はあるのかである。

Banks - Diamondは，理論と実証分析に基づき，次の二つの点から資本所得に課税すべきであると述べている。第１に，高い稼得力を有する人々は低い稼得力の人々よりも貯蓄を通じて生涯に亘って大きな消費可能性を有する。彼らの貯蓄額は大きいだけではなく，所得に対する比率も高い。第２に，稼得力の相違は生涯に亘る稼得利益や消費支出の差異を惹起する。

資本所得課税において，Banks - Diamondは，資本所得を含む総所得を考慮すべきであると述べているが，これは単純に労働所得と資本所得の合計に課税すべきことを意味しているわけではない。この考え方は，資本所得に対しては一定税率で課税して，労働所得には累進税率を課す北欧諸国の二元的所得税とは異なるものである。Banks - Diamondは，資本所得を他の所得と同じように課税することは望ましくないとしている。労働所得と資本所得は，それぞれ，累進的な限界税率で課税すべきであると考えられている。

Banks - Diamondは年齢別課税について論じているが，それは次の二つの理

9　Diamond and Saez［2011］pp. 177 − 178.
10　Mirrlees［2010］pp. 549 − 550.

由から魅力があるとしている。第１に，年齢別課税は年齢により人々の環境が異なることを考慮できること。第２に，将来の異なる個人をターゲットとした政策を実施できることである。年齢別労働所得税の利益は大きい。さらに，人々が税免除で受け取る資本所得額を年齢により変化させることができる。しかし，年齢別課税は執行のコストが大きいという問題を持っている[11]。

資本所得に課税すべきとする研究は多いが，その税率に関してはまだはっきりした結論が出ていない。また，資本所得に課税を行うとしても，退職後の生活のための貯蓄勘定に生じる資本所得は非課税とすべきであるとする研究が多い。つまり，いくつかの課税の例外を考えることが適切であろう。

４　Mirrlees Reviewの提案

資本所得に関して，マーリーズ・レビューは，資本所得課税の時点に着目して，課税か非課税かを考えるべきだと述べている[12]。個人段階の資本所得税が存在するとき，個人の貯蓄へのリターンに対する課税は，所得の受取時点，運用益の発生時点，貯蓄の引出時点の三つの時点に分けられる。課税（taxed）をT，非課税（exempt from tax）をEとすれば，貯蓄に対する課税は，次のように表される。まず，貯蓄は所得課税後の可処分所得から行われ，運用益は資本所得として課税され，貯蓄の引出時には課税されないから課税のパターンはTTEとなる。

支出税（消費課税）は，所得税の課税ベースから貯蓄を控除し課税するためEETとなる。一方で，個人の労働所得に課税する所得課税の場合は，資本所得には課税しないためTEEとする。株主所得税では，RRA（Rate of Return Allowance）と呼ばれる帰属利子（正常収益分）の控除がある。RRAの所得課税は貯蓄に対する超過収益にのみ課税されるため，TtE（小文字t：超過収益のみ課税）とする。明らかに，貯蓄に対する中立的な課税は，TEE，EET，TtEであり，TTEは貯蓄に対して中立的ではない。

11　Mirrlees［2010］p. 550.

12　Mirrlees［2011］pp. 297 – 299. 鈴木将覚［2014］19 – 20頁。

各課税方法は税収に関して，以下のような差異を生み出すと，マーリーズ・レビューは指摘している。貯蓄が安全資本に運用される場合はTEE, EET（支出税），TtE（RRA）は正常収益に対する一度限りの課税となり税収は同じであるが，貯蓄がリスク資本に運用される場合には各ケースで税収が異なる。TEEは税収が明確であるのに対して，EETでは，将来，課税されるため，税収は将来の収益率に依存する。TtEは，現時点で税収を確保しつつ，将来発生する超過収益に対する課税も行われる。このため，税収の観点からみて，超過収益が発生する場合にはTEEではなくRRAを用いたTtEが望ましい。なお，TtEはEETと異なり，貯蓄を海外に移して将来の課税負担を逃れようする動きから生じる税収ロスを減らすことも可能である。

この論は，一定税率を前提としているが，累進所得税制の下では個人のライフサイクルにおいて，各時期に直面する税率が異なる。人生を若年期と高齢期の2期に分け，若年期に所得（高税率）が高く貯蓄を行い，高齢期に所得（低税率）が低く貯蓄を取崩し消費する状況の下では，EETは税率が高い時期に貯蓄を奨励し，税率の低い時期に消費するインセンティブを発生させる。一方で，TEEとTtEでは税率が高い時期に貯蓄を行うことにより，ライフサイクルにおける平均税率が高くなる。

こうした貯蓄に対する課税に関して，リスク資本に対してはTtE，預金にはTEE，年金にはEETが望ましいと，マーリーズ・レビューは提案している。

第2節　資本所得税と労働所得税

1　資本所得税の効率性

利子所得税は，将来時点での所得にかかるから，それだけ手取りの利子率が低下したのと同じである。利子所得に対する課税も，労働所得税と同様に所得効果と代替効果をもたらす。代替効果は，貯蓄することの相対的な魅力を低めて，貯蓄を低下させるが，所得効果は，実質的な所得が減ることで現在消費を減少させて，貯蓄を増加させる。通常，代替効果の方が大きいという前提で議論がなされている。

同じ税収をあげる労働所得税と利子所得税を効率性の観点から比較すると，労働所得税の場合，現在の消費と将来の消費の相対価格は変化しないため，課税後もパレート最適が確保される。一方，労働供給が課税によって変化しないと仮定できるならば，利子課税分だけ将来消費が不利になり，利子所得税よりも労働所得税の方が，同じ税収を確保しつつ，家計により高い経済厚生を与えることができる。したがって，利子所得税より労働所得税の方が効率性の面で優れていることになる。

しかし，労働供給が課税によって負の影響を受け，貯蓄（将来消費）は利子所得税によって何ら変化しないとすれば，労働所得税よりも利子所得税の方が効率性の面で優れているという逆の結論となる。したがって，利子所得課税と労働所得課税のどちらが，効率性の面から優れているかは，理論だけからは確定しないと言えよう。

利子所得税の持つもうひとつの重要な効果は，資本蓄積に与える効果である。一般的に言って，利子所得税を減税すれば，資本蓄積が促進されるようにみえる。しかし，代替効果と所得効果が相殺する方向に働くので，貯蓄が増えるかどうかは明確ではない。代替効果はかなり大きく，利子所得税を減税することで，資本蓄積は促進されるとの見方は多いが，労働所得税を減税することによる所得効果を通じて，貯蓄を刺激する効果の方が大きい場合もありうる。その場合には，労働所得税を減税し，同額の利子所得税の増税により賄うことで資本蓄積が促進されるだろう。つまり，資本蓄積が望ましいとしても，必ずしも利子所得税の減税が望ましいとは限らないのである。

一般的に，効率性の観点からは，代替効果の大きい課税ベースに高税率で課税するのは望ましくない。包括的所得に対して同じ税率で課税する総合課税では，課税ベース間で代替効果の差異が考慮されない。それぞれの課税ベースの背後にある経済的な事情は異なるため，そのような相違を考慮しない総合課税は，民間部門に超過的な損失を発生させる[13]。これは包括的所得税に対する本質的な批判だと考えられる。

2　英国の貯蓄課税

英国において貯蓄から派生する所得の取り扱いは，過去30年間，著しく変化してきた。貯蓄から派生する所得に対する最高限界税率は抜本的な改正が行われ，1978年度の98%から1988年度に40%へ引き下げられた。1978年度に15%の投資所得付加税が導入されたが，1984年に廃止された。さらに，様々な貯蓄手段の租税特別措置に関しても大幅な改革がなされ，貯蓄形式により差別的な課税が行われた。

1984年の生命保険料優遇措置の廃止，及び住宅ローン利子控除（MITR）の縮小・廃止（2000年4月）が実施されることにより，所得税の課税ベースは拡大した。

1988年に導入された個人年金は税制上有利な貯蓄手段である。1987年導入の個人株主制度（PEP）及び1991年導入の免税特別貯蓄口座（TESSA）は直接的な株保有手段であった。個人株主制度と免税特別貯蓄口座は個人貯蓄口座（ISA）になった。

1982年以前，キャピタルゲイン税は物価上昇を考慮せずに30%の定率で課税されていた（1982年に物価スライド制の導入）。定率30%で課税されていたキャピタルゲイン税は1988年に累進税の適用となった。1998年のキャピタルゲイン税制に関しては，物価スライド制を廃止，Taper制度（タイプ別長期保有資本に対する課税）を導入する旨の改革がなされた。Taper制度は，歪みと複雑さを生じさせたため，2008年にTaper制度及び物価スライド制は廃止された。2008年現在，利益に18%の定率で課税されている[14]。

マーリーズ・レビューは，現在消費と貯蓄（将来消費）を中立的に取り扱い，資本間の歪みを減らすようにすべきであると主張している。貯蓄による収益

13　井堀利宏［2013］128－134頁。
14　Mirrlees［2010］pp. 20－21.

（所得）とキャピタルゲイン形式の収益に対する課税上の取り扱いを一律にすることも重要であるとしている。そして，望ましい中立性を達成するため，銀行利子に対するTEE制度，年金貯蓄のEETとしての取り扱い，そして株式及び類似資本のRRAの導入を提案している[15]。

第3節　各国における資本所得税

本節では，英国，スウェーデン，米国，及び日本の利子所得，配当所得，株式譲渡益に対する課税に関して考察する[16]。こうした資本所得税の制度は各国で度々変化してきており，考え方が定まっているとは言えない。

表4－1から分かるように，英国やスウェーデン，日本のような国（中央政府）と地方自治体（地方政府）の2段階からなる単一（集権）国家では，国税及び地方税に関する税制の構築は国の専権事項であり地方自治体に立法権はない。一方，米国のような連邦国家では，政府部門は連邦政府，州政府，及び地方政府の3段階の政府から構成され，それぞれ独自の税制を決定することができる。因みに，米国では，法人税や所得税，小売売上税等に課税していない州もあり，また税率も区々である。なお，利子，配当，株式譲渡益に対する税の賦課についても同様である。

さて，表4－1は，英国，スウェーデン，米国，及び日本の資本所得税制度を簡単にまとめたものである。

15　Mirrlees［2011］pp. 343－344.

16　財務省ホームページを参照（2016／07／08）した。
http://www.mof.go.jp/tax_policy/summary/financial_securities/risi 02.htm
http://www.mof.go.jp/tax_policy/summary/financial_securities/risi 03.htm
http://www.mof.go.jp/tax_policy/summary/financial_securities/kabu 04.htm

表4－1　資本所得税制度

（%）

	英　国	スウェーデン	米　国	日　本
利子所得課税	段階的課税（分離課税）0, 20, 40, 45	30	連邦：総合課税 10.0～39.6 州及び地方：総合課税	源泉分離課税 20.315
配当課税	段階的課税（分離課税）10.0, 32.5, 37.5	30	連邦：段階的課税（分離課税）0, 15, 20 州及び地方：総合課税	申告分離と総合課税との選択（申告分離20.315）（総合課税10～55）（申告不要も可）
法人税との調整	部分的インピュテーション方式			配当所得税額控除方式（総合課税選択の場合）
株式譲渡益課税	段階的課税（分離課税）18, 28	30	連邦：段階的課税（分離課税）0, 15, 20 州及び地方：総合課税	申告分離 20.315

（出所）財務省ホームページ（2016／07／08）
http://www.mof.go.jp/tax_policy/summary/financial_securities/risi02.htm
http://www.mof.go.jp/tax_policy/summary/financial_securities/risi03.htm
http://www.mof.go.jp/tax_policy/summary/financial_securities/kabu04.htm
政府税制調査会［2016］，参照。

1　英　　国

英国における利子，配当，及び株式譲渡益に対する課税の仕組み（2016年現在）は以下の通りである。

利子所得は，段階的課税（分離課税）で，税率は0％，20％，40％，45％の4段階である。給与所得等，利子所得，及び配当所得の順に所得を積み上げて，利子所得のうち，5,000ポンド以下のブラケットに対応する部分には0％，5,000ポンド超31,785ポン以下20％，31,785ポンド超150,000ポンド以下40％，150,000ポンド超45％の税率が適用される。

配当所得に対しては，段階的課税（分離課税）で，税率は10.0%，32.5%，37.5%の３段階である。給与所得等，利子所得，及び配当所得の順に所得を積み上げて，配当所得のうち，31,785ポンド以下のブラケットに対応する部分には10.0%，150,000ポンド以下のブラケットには32.5%，150,000ポンド超のブラケットには37.5%の税率が適用される。法人税との調整に関しては部分的インピュテーション方式がとられている。英国の部分的インピュテーション方式は，受取配当にその９分の１を加えた金額を課税所得に算入し，算出税額から受取配当額の９分の１を控除するものである。なお，2016年４月より5,000ポンドの所得控除が導入され，部分的インピュテーション方式による配当控除制度は廃止された。

株式譲渡益に関しては，段階的課税（分離課税）で，税率は，18%，28%の２段階である。給与所得等，利子所得，配当所得，及びキャピタルゲインの順に所得を積み上げて，キャピタルゲインのうち，31,785ポンド以下のブラケットに対応する部分には18%，31,785ポンド超のブラケットには28%の税率が適用される。なお，一定の企業家に対しては，譲渡益の生涯累計額が1,000万ポンドに達するまで，10%の軽減税率が適用される。また，土地等の譲渡益と合わせて年間11,100ポンドが非課税である。

2　スウェーデン

スウェーデンでは，1991年に二元的所得税制を導入した。二元的所得税は所得を労働所得と資本所得に区分し，労働所得には累進税率を適用し，資本所得には比例税率で課税するものである[17]。給料・賃金（源泉徴収有），公的年金，及び事業収入（一部は資本所得）は労働所得として労働所得課税の対象である。

配当収入，株式等譲渡収入，及び利子収入は資本所得（資本所得の損失に関しては，資本所得間で損益通算が可能である。ただし，一定の制限がある。）として資本所得課税の対象である。2016年現在，労働所得に対する累進税率は

17　政府税制調査会［2016］５頁。

0，20，25％の３段階である。なお，地方税はストックホルム市の場合は一律29.98％（地方税率の全国平均は32.10％）である。資本所得に対しては，労働所得に係る最低税率とほぼ等しい比例税率30％で課税している。

二元的所得税は導入以来，度重なる制度変更を経て，労働所得に係る限界税率の引き上げや特別措置等例外規定の増加という課題がある。低い限界税率と広い課税ベースという1999年改革の原則に立ち戻った見直しが必要である。

3　米　　国

2016年現在における連邦所得税は個人単位課税と夫婦単位課税（２分２乗方式）の選択制で，利子，配当，株式譲渡益に対する課税方式は以下の通りである。一方，州税及び地方税は，利子，配当，株式譲渡益の３者とも総合課税であるが，税率は区々である。

利子所得は10.0～39.6％の総合課税であり，この連邦税に加え，州税及び地方税が課される。

配当所得は，適格配当，すなわち，配当落ち日の前後60日の計121日間に60日を超えて保有する株式に関して，内国法人又は適格外国法人から受領した配当について課税される。段階的課税（分離課税）で０，15，20％の３段階である。給与所得等，配当所得及び長期キャピタルゲインの順に所得を積み上げて，配当所得及び長期キャピタルゲインのうち，37,650ドル以下のブラケットに対応する部分には０％，37,650ドル超ブラケットに対応する部分には15％，415,050ドル超のブラケットには20％の税率が適用される（単身者の場合）。それに加えて総合課税により州税・地方税（税率等は各々異なる）が課される。なお，法人税との調整措置はない。

株式譲渡益に対する連邦税は段階的課税（分離課税）であるが，州税及び地方税は総合課税である。限界税率やブラケットは，連邦税，州税及び地方税とも配当所得と同様の仕組みで課税される。

４ 日　本

日本における利子所得，配当所得，株式譲渡益に対する課税（2016年１月１日現在）の変遷について概略を示すと，それぞれ，表４－２，表４－３，表４－４の通りである。

(1) 利子所得課税

利子所得については，源泉分離課税及び申告分離課税又は申告不要の課税方式が適用され，税率は一律20.315％ ｛15.315％（所得税＋復興特別所得税），５％（住民税）｝である。源泉分離課税に該当するものは，預貯金の利子，特定公社債以外の公社債の利子（同族会社が発行した社債の利子でその同族会社の役員等が支払を受けるものは，総合課税の対象），合同運用信託及び私募公社債投資信託の収益の分配等であり，そして申告分離課税又は申告不要に該当するものは特定公社債の利子，公募公社債等運用投資信託の収益の分配である。

表４－２　利子所得課税

1950年度	源泉分離選択課税の廃止→総合課税
1951年度	50％の源泉分離選択課税復活
1953年度	10％の源泉分離課税化→総合課税の廃止
1955年度	非課税
1971年度	総合課税化　20％の源泉分離選択可
1988年度	20％の源泉分離課税化→総合課税の廃止
2013年度	特定公社債等の利子等の取り扱い：20％の源泉分離課税から除外し，申告分離課税又は申告不要の対象

（出所）財務省ホームページ
http://www.mof.go.jp/tax_policy/summary/financial_securities/kabu02.htm（2018／01／09），参照。

(2) 配当所得課税

配当所得に関しては，上場株式等の配当等（大口株主が支払を受けるもの以外)，及び上場株式等の配当等（大口株主）・非上場株式等の配当等の二つに分類され，さらに，後者は，少額配当等の場合と少額配当等以外に区分される。

上場株式等の配当等（大口株主が支払を受けるもの以外）の課税方法は，総合課税，申告分離課税及び申告不要のうち，いずれか有利な方法が選択可能である。総合課税は所得税５～45%，住民税10%で課税される。申告分離課税の税率は，平成26年１月１日以後に支払を受けるべき上場株式等の配当等については，20.315%｛15.315%（所得税＋復興特別所得税），５%（住民税)｝である。源泉徴収税率は一律20.315%｛15.315%（所得税＋復興特別所得税)，５%（住民税)｝である。

上場株式等の配当等（大口株主）・非上場株式等の配当等については次の通りである。少額配当等の場合には課税方法は総合課税又は申告不要のうち有利な方法を選択可能である。少額配当等以外の場合は総合課税である。両者とも，源泉徴収税率は一律20.42%（所得税＋復興特別所得税）である。ただし，いずれの場合も住民税は総合課税となる。なお，法人税との調整に関しては，配当所得税額控除方式（総合課税選択の場合）をとっている。

表４－３　配当所得課税

1965年度	15%の源泉分離選択課税創設（１銘柄年50万円未満等） 10%の申告不要制度創設（１銘柄年５万円以下等）
2003年度	源泉分離選択課税の廃止 上場株式等（大口以外）に係る10%の軽減税率（平成25年末迄）
2008年度	上場株式等に係る20%の申告分離課税の創設
2009年度	申告分離課税の税率見直し20%→10%へ引き下げ
2010年度	非課税口座内の少額上場株式等に係る配当所得の非課税を導入
2015年度	未成年者口座内の上場株式等に係る配当所得の非課税を創設

（出所）表４－２に同じ。

(3)　株式譲渡益課税

株式譲渡益に対する課税は，20%の申告分離課税である。特定口座において源泉徴収を行う場合には申告不要も選択可能である。2013年１月から2037年12

月までの時限措置として，別途，基準所得税額に対して2.1％の復興特別所得税が課される。特定口座において一律20.315％｛15.315％（所得税＋復興特別所得税），５％（住民税）｝の源泉徴収を行う場合には申告不要も選択可能である。

表４－４　株式譲渡益課税

1953年度	原則：非課税（一定の場合は総合課税）
1989年度	原則：課税化（下記のいずれかの方式を選択） ① 26％の申告分離課税 ② 20％の源泉分離選択課税（みなし利益方式）
2003年度	源泉分離課税の廃止，申告分離課税へ一本化。 上場株式等の税率を26％→20％へ引き下げ。 上場株式等の10％軽減税率適用（H15年１月からH20年12月迄）。
2008年度	上場株式等の10％軽減税率廃止。 上場株式等の譲渡損失と配当等の損益通算を導入。
2009年度	申告分離課税の税率見直，20％→10％へ引き下げ。
2010年度	非課税口座内の少額上場株式等の譲渡所得等に係る非課税を導入。
2015年度	未成年者口座内の上場株式等に係る譲渡所得等の非課税を創設。

（出所）表４－２に同じ。

第5章

労働所得税と給付付き税額控除

経済社会のグローバル化が一層進展する折り，税制及び社会保障制度における効率性と公平性の確保が課題となっている。各国はこの背反する政策目標を税制と社会保障制度の一体化により対処してきている。すなわち，就労インセンティブの強化と所得再分配を狙いとした給付付き税額控除制度の導入である。

給付付き税額控除制度は税制と社会保障制度を一体的にデザインすることで，労働を通じて豊かな社会を構築し，国民福祉を最大化することを狙いとしている。給付付き税額控除のメリットは，給付（社会保障）と税額控除（所得税）の統合により，税制と社会保障制度の一体化を実現し，政策が効果的となることである。また，労働することを前提条件としていることから，就労を促進し，働くよりも失業給付を受けるという給付依存のモラルハザードを低下させる効果を持ち，労働する低所得者への支援策として有効な手段である。

給付付き税額控除は，米国や英国等の国々においてこれまで一定の評価を得ている。しかし，マーリーズ・レビューは，英国では近年における改革にもかかわらず，所得税と給付制度は就労に対する深刻なディスインセンティブを持っていると指摘し，また給付制度の複雑さに言及している。

本章では，給付付き税額控除導入の背景，租税政策としての意義等を概観し，各国の給付付き税額控除に関する特徴を検討した後に，税制及び給付制度の改革に関するマーリーズ・レビューの提案を考察し，最後に日本への示唆について論じる。

第1節　税額控除の意義

1　各国における給付付き税額控除制度導入の背景

経済協力開発機構（OECD）が2004年に公表した“*Recent Tax Policy Trends and Reforms in OECD Countries*”によれば，先進国における税制トレンドはMaking Work Pay Programs（MWP）であり，労働を通じて豊かになる政策として勤労税額控除の導入が各国において広がりつつあることを指摘している。MWP政策とは，就労にインセンティブを供与することにより，低所得世帯やひとり親等世帯が貧困から脱出することを支援するための政策であり，勤労税額控除を中心とする給付付き税額控除を指している。その後，2006年におけるOECDの“*Fundamental Reform of Personal Income Tax*”でも，先進国における租税政策の最大の課題は効率的な税制を構築すること，それに伴う所得再分配問題を税制と社会保障制度の一体化により対処することであると指摘している。

就労し所得を獲得しても，高い所得税及び社会保障負担となれば，結果として人々の労働意欲喪失につながってしまう。極めて強い相関関係を持つ租税負担及び社会保障負担と就労インセンティブとの間に発生するマイナス効果を相殺することを狙いとして，低所得世帯に対して給付付き税額控除が導入されてきている。

先進国において給付付き税額控除の導入が拡大してきた背景には，所得控除拡大による所得税の課税ベースの侵食を食い止めたいという意図がある。先進国は経済のグローバル化の進展に伴い，ヒト・モノ・カネの自由な移動が活発化する中で，自国の課税ベース侵食への防止を租税政策により対処してきた。

しかし，所得格差問題が深刻化し，税制と社会保障制度を一体化させることにより所得再分配機能を強化する動きとなった。さらに，従来，欧州諸国では雇用（失業）問題に対し，セーフティーネットの拡充政策がとられてきたが，それが「働くより失業給付を」というモラルハザードを生じさせ，結果として，大きな政府による非効率を生み出した。こうしたことを踏まえ，労働を通じて経済的に自立し貧困から脱出するというMWP政策への変更がなされ，給付付き税額控除を労働所得と直接リンクさせることで，就労インセンティブを高める政策が要請された[1]。

先進国では，各種の政策目的に対するインセンティブ税制として様々な税額控除が導入されている。勤労税額控除と児童税額控除は低所得者への貧困対策や就労インセンティブを高めることを狙いとして，米国，英国，フランス，オランダ等において導入され，税制と社会保障制度を一体的に構築することを政策目標としており，さらに所得再分配機能の強化という公平性の重視がその背景にある[2]。

給付付き税額控除のメリットに関しては，次のように言える。第1に，累進税率の下における所得控除は高所得者の税負担がより多く軽減されるという逆進的効果があると同時に，課税ベースを大きく縮小させることから，財源調達機能を損なわせるという点で問題がある。税制において課税最低限に近い層をターゲットとする政策を目指す場合には，課税ベースの侵食を限定的にし，より税負担軽減効果（再分配効果）を拡大させる税額控除の方が有益である。さらに，租税負担が税額控除以下の所得者や課税最低限以下の所得者をもその対象とすることから，控除し切れない不足分を給付するという制度設計を行うことで，有益性が高まる。歳出行為（社会保障支出）である給付と税額控除との一体化は税制と社会保障制度との一体的運営を意味する。

第2に，給付付き税額控除は低所得者に対する所得保障を行うと共に，労働所得と税額控除額をリンクさせることにより，就労インセンティブ向上を図り，就業率の拡大促進に有効である。同時に労働に従事しなくても給付が受けられるという給付依存のモラルハザードを縮小させ，労働を通じての所得獲得という基本原理（セーフティーネットからスプリングボードへと言われる）の下で，労働する低所得者に対する支援策の確立を可能にする。さらに，子供の数に応

1　森信茂樹［2009］22－23頁。
2　森信茂樹［2007］32－33頁，諸富　徹［2009］85頁。

じた経済的支援も可能となる[3]。

2 政策的含意

(1) 負の所得税構想

M. フリードマンの「負の所得税」(Negative Income Tax) に関する思想は社会保障給付と所得税の統合である。「所得が低い場合は政府からの受け取りが超過するが，所得が増加するにつれてその受取額は減少し，ある一定額を超えると所得税負担が発生しその負担が増加していく。」というシステムを導入することで，行政コストの削減に結びつく等のメリットがあるとされた。しかし，この制度においては，所得が減ると給付が増えるので，所得を増やそうとするインセンティブがない。

1975年に，米国ニクソン政権の下で税制と社会保障制度を一体化しようという試みがあった。低所得者の社会保障負担の軽減と労働供給促進を図ることを狙いとして勤労税額控除が導入された。勤労税額控除については米国において，1960年代から1970年代にかけて，負の所得税と共に貧困対策の具体的設計として議論が重ねられた。特に1970年代，米国では深刻なスタグフレーションが発生し，低所得者の失業に伴う貧困対策，特に子供のいる低所得世帯の最低生活保障が重要な政策課題であった。このような状況の下，他の貧困対策と統合して運営管理可能なメリットを持つ負の所得税が有力視され，一部地域において試行された。1969年に，ニクソン政権は負の所得税のスキームをFAP (Family Assistance Plan) として提案した。しかし，保守及び革新の両陣営からそれぞれの理由により批判を受けた。すなわち，前者の理由はこの制度の財源規模が大きく受給者の就労に結びつかないこと，後者の理由は受給メリットが不十分であることであった。こうして，負の所得税への支持は広がらなかった。その後1975年，フォード政権下で，work bonusの一時的措置として勤労税額控除が導入され，その後，一定の効果が認められたことから，1978年，内国歳入

---

3 森信茂樹［2007］44－45頁。

法に恒久措置として位置付けられるに至った。このようにして，社会保障税負担引き上げによる低所得者の税負担の軽減，及び就労促進を併せ持つ施策として勤労税額控除が導入されたのである[4]。

(2)　米国及び英国におけるワークフェア

ニクソン政権が低所得者の貧困対策として，公的扶助政策や最低賃金制度の補完目的で導入した勤労税額控除は，1993年に誕生したクリントン政権，及び1997年に政権獲得を果たした英国のブレア政権により新たな意味合いを持つようになった。勤労税額控除は，公共部門の肥大化，社会保障費の増高，及び経済成長の鈍化等といった危機的状況にある福祉国家の打開策として導入された。

これまでのセーフティーネット重視の政策が社会保障の肥大化による大きな政府を招き，社会保障給付依存というモラルハザードを生じさせ，経済社会の沈滞化につながったという反省から，ウェルフェアならぬワークフェアの政策へと移行していく中で，サプライサイドの成長型税制として労働所得と給付や減税とを直接リンクさせ，就労インセンティブを高める給付付き税額控除が実施されるに至った。

ブレア政権は，経済的弱者の生活を保障するセーフティーネットの再構築ではなく，弱者を再び労働市場に送り出す支援策であるトランポリン（スプリング・ボードとも呼ばれる）政策により，労働市場における個人の競争力を高め，経済力をつけ，失業問題や貧困問題，さらには少子化への対応を図るという考え方を打ち出した。労働を通じて経済的に自立し貧困から脱出させ，教育により個人の市場対応力を高め，機会の平等を確保するという基本的な考え方はワークフェアともアングロ・ソーシャル・モデルとも呼ばれる[5]。

3　租税政策としての意義

勤労税額控除は給付付き税額控除の核心部分であり，就労促進と所得再分配

4　東京財団政策研究部［2008］17－18頁。
5　東京財団政策研究部［2008］18頁。

の強化という二つの政策目標を持つが，これを租税政策の観点からみた場合には，課税ベースの拡大という重要な意義を持っている。

OECD諸国の所得税制は，租税負担能力や，年金，住宅投資等への政策的配慮から，所得控除の拡大を余儀なくされ，課税ベースは大幅に縮小した。その結果，財源調達機能や所得再分配機能が大きく阻害されると共に，所得税制の簡素性は大幅に低下し，中立性も阻害される事態を招くことになった。

このような状況から脱却するため，米国レーガン政権及び英国のサッチャー政権により行われた税制改革以降，各国で課税ベースの拡大と税率引き下げによる経済活性化を狙いとした様々な税制改革が実行されてきた。こうした税制改革は公平性と効率性の両者の達成を目指すものとして大きな成果を上げ，世界各国の税制改革の潮流となった。

その一方で，経済のグローバル化の進展に伴い，先進国において低スキル労働への需要が減り格差や貧困問題という新たな問題が生じてくると，課税ベースを拡大し税率を引き下げるといった税制改革に新たな問題が発生した。すなわち，高所得者が税率の引き下げによるメリットを享受する一方で，これまでほとんど租税負担のなかった低所得者にとって，課税ベースの拡大によって負担増を招来する状況になり，所得格差の一層の拡大や税制全体としての累進度が低下するという問題である。そこで，課税ベースの拡大を推進するにあたり，所得控除を税額控除へ変更し，中低所得者に対する恩恵を厚くするという政策への転換が図られるようになった。

所得税は本来，担税力に着目して構築されるものであり，担税力が低下するような事情がある時には，所得税の負担を軽減することになる。その際の方法として，所得控除（所得から一定額を控除する）と税額控除（納税者の税額そのものから差し引く）の二つがあるが，格差や貧困が社会問題化する中で，高所得者の税負担をより軽減する逆進的な効果を持つ所得控除を税額控除へ代替させるという流れが世界的にみられるようになった。

先進国における税額控除化・給付付き税額控除化政策は所得税の課税ベース侵食を食い止めるのに有効とされるが，それは，税額控除が一定の所得以下の世帯だけを対象とするので，課税ベースの侵食を限定的に止めることができるからである。こうした動きは，所得税の課税ベースを拡大し高所得者の課税による所得再分配を強化するという明確な目的を持っている[6]。

４　税制と社会保障制度の一体的構築

英国におけるサッチャー，メージャーの保守党から政権交代を果たした労働党ブレア首相は，次のような趣旨の演説を行っている。「かつての労働党はセーフティーネットを張り巡らすことに注力した結果，政府は肥大化し国の活力が損なわれてサッチャー政権にとってかわられたという苦い経験がある。そこで，われわれ新しい労働党はセーフティーネットを張り巡らすという政策をやめ，労働を条件に豊かな老後に備えるための政策として，市場経済への復帰を目指すトランポリン政策を行う。これは，資本主義でもなく，社会主義でもない，いわば第３の道だ」[7]。その結果，給付付き税額控除が積極的労働政策とのパッケージで導入されたと言える。

給付付き税額控除は，労働を前提条件として低所得者に対して現金給付をする制度であるから，労働所得を増加させようとするインセンティブが働くことになる。それと共に失業給付等の社会保障給付を削減し，労働するとかえって可処分所得が減少するという逆転現象の発生を防止した。

税制と社会保障制度を一体的にデザインする政策は所得税率の引き上げに伴う労働意欲の喪失を抑制しつつ，低所得者に対する分配を手厚くすることにより所得再分配効果の向上を目指したものである。こうした政策は経済の効率性を高める一方で，公平性を追求するという性格を併せ持つことから，トレード・オフの関係にある公平性と効率性の両方を追求したものと言える。

このように，租税政策の観点からは高所得者に有利に働く所得控除から税額控除への変更は所得税の再分配機能を高める効果があると同時に，課税ベース拡大にもつながり，大きな意義が認められる。

6　森信茂樹［2010］34－35頁。
7　森信茂樹［2012］38頁。

所得控除から税額控除への流れは，所得税の課税ベースを広げ，所得再分配機能を強化するという点と，税制だけでなく社会保障制度も含めて一体的にデザインするという二つの点において有効な政策である[8]。

第２節　各国における給付付き税額控除

１　給付付き税額控除制度の類型

各国の給付付き税額控除は，表５－１のように勤労税額控除（第１類型），児童税額控除（第２類型），社会保険料負担税額控除（第３類型），及び消費税逆進性対策税額控除（第４類型）の４類型に区分される[9]。

第１類型の勤労税額控除の狙いは，主に低所得者の労働意欲促進である。勤労税額控除に関する一般的な制度設計は，一定以上の労働所得を有する世帯に対して，労働を条件に税額控除（減税）を与え，所得が低く控除しきれない場合には給付する。就労インセンティブの与え方により二つに大別される。ひとつは米国の勤労所得税額控除（Earned Income Tax Credit：EITC）であり，もうひとつは英国の勤労税額控除（Working Tax Credit：WTC）である。それぞれの制度の詳細に関しては，以下で論じるが，米国の制度における税額控除額は，所得の増加と共に逓増し，一定の所得で頭打ちになり，それから逓減して，最終的には消失する。一方，英国の制度では，逓増段階はなく，その代わりに労働時間の要件が設けられている。従来の社会保障給付と異なり，どちらの制度も働けば働くほど手取り額が増える仕組みとなっている。この第１類型の勤労税額控除は，米国や英国，フランス，オランダ，スウェーデン，カナダ，ニュージーランド等の国々で導入されている。

第２類型である児童税額控除の狙いは，母子世帯の貧困対策及び子育て世帯への経済支援である。所得が一定額を超えると漸減する制度設計となっており，一般に，子供の数に応じて税額控除額が決まる。児童税額控除は国により児童

8　森信茂樹［2012］37－38頁。
9　森信茂樹［2008］18頁。

に関する伝統的な負担軽減措置である扶養控除や児童手当との間で役割が異なる[10]。

第３類型である社会保険料負担税額控除は，低所得者の税負担及び社会保険料負担を緩和するためにオランダで導入されており，還付や給付は行わないことになっている[11]。

第４類型である消費税逆進性対策税額控除は，消費税の逆進性緩和策としてカナダやシンガポールで導入されている[12]。

表５－１　給付付き税額控除の類型

	導入の目的	給付付き税額控除
第１類型 勤労税額控除	低所得者に対する所得保障と労働意欲促進	米国（1975年）：勤労所得税額控除（EITC） 英国（2003年）：勤労税額控除（WTC）
第２類型 児童税額控除	母子世帯と子育て世帯に対する経済支援	米国（1998年）：児童税額控除（CTC） 英国（2003年）：児童税額控除（CTC）
第３類型 社会保険料負担税額控除	低所得者の税及び社会保険料の負担緩和	オランダ（2001年）：勤労所得税額控除（LITC）
第４類型 消費税逆進性対策税額控除	一般消費税の逆進性緩和	カナダ（1991年）：GSTクレジット

（出所）　森信茂樹［2008］，鎌倉治子［2010］，東京財団政策研究部［2008］，加藤慶一［2012］を基に作成。

２　米　　国

(1)　勤労所得税額控除

①　導入の背景

米国フォード政権下の1975年に導入された勤労所得税額控除（Earned Income Tax Credit：EITC）の目的は，低所得者に対する所得税及び社会保障負担を軽

10　鎌倉治子［2010］2頁。
11　森信茂樹［2010］39頁。
12　鎌倉治子［2010］2頁。

減することにより，財政的支援を行うと共に低所得者の就労インセンティブを高め，経済的自立を図り，ワーキングプアを解消することであった。その後，クリントン政権下で，勤労所得税額控除は大幅に拡充され，労働供給促進により自助努力で生活能力を向上させる点がより強調された。勤労所得税額控除は，扶助の受給期間制限と職業教育及び職業訓練の義務付けとセットで推進され，大幅な拡充には年間フルタイムで働く人々が貧困でいるべきではないという最低所得保障と福祉受給者の自立促進という二つの考え方が背景としてある。

最低賃金でフルタイム働いた者が勤労所得税額控除を受ければ社会保障税課税後所得が貧困ラインを超えることが目標とされ，２人以上の子供を有する者への控除を拡大（最大控除額は1,511ドルから3,556ドルへ増額）すると共に，子供のいない者への控除も創設された[13]。

② 制度の概要

勤労所得税額控除の特徴は二つあり，中低所得者にターゲットを絞るため，上記の通り，税額控除額に逓増，定額，逓減の段階が設けられている点と適格な子の数に応じて税額控除額が大きく変わる点である。夫婦子２人（夫婦共同申告）の場合，最大控除額は5,036ドルである。これを分かりやすく示したのが図５－１である。勤労所得税額控除の適用要件に関しては，以下の全てを満たさなければならない。

(a) 労働所得が一定額以下であること。

(b) 有効な社会保障番号を有すること。

(c) 婚姻カップルの場合は夫婦共同申告であること。

(d) 外国で所得を得ていないこと。

(e) 投資所得は3,100ドル以下であること。

なお，ここでいう適格な子とは19歳未満の子又は24歳未満の学生であること等一定の要件を満たす者を指している。勤労所得税額控除は確定申告時に所得税額から控除され，税額超過分に関しては給付される。また，申告に際して本

13 東京財団政策研究部［2008］11－12頁。

人のみならず，配偶者及び適格な子に関しても社会保障番号の記入が必要である[14]。

前述ように，米国の勤労所得税額控除は逓増段階，定額段階，逓減段階の三つの部分から構成される。逓増段階においては就労インセンティブを引き出すために労働所得の上昇が給付付き税額控除の増加をもたらし，定額段階では低所得者に対する一定額を保障し，逓減段階においては中高所得者への税額控除適用を避けるために，徐々に控除額を引き下げる仕組みとなっている。

勤労所得税額控除の具体的な仕組みを示すと以下の通りである（2009年現在)。子供が3人以上いる個人は所得12,570ドルまで所得1ドルの増加につき0.45ドルだけ税額控除が増加し，その上限は5,657ドルとなる。上限額5,657ド

図5－1　米国の勤労所得税額控除

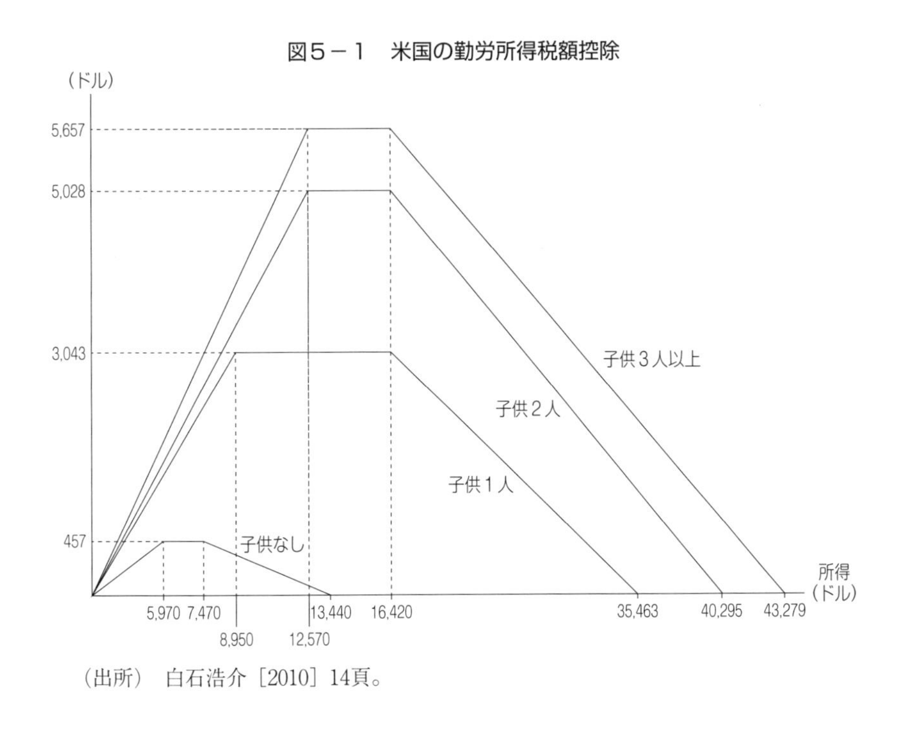

（出所） 白石浩介［2010］14頁。

14　鎌倉治子［2010］3頁。

ルは年収16,420ドルまでの個人に適用される。それ以上の収入に関して，収入1ドルの増加につき0.21ドルだけ税額控除が減少し，収入が43,279ドルに達した時点で勤労所得税額控除は消失する[15]。

なお，控除を受けるには就労する必要があり，逓増段階において稼得所得が増加するほど控除額が大きくなり，課税額を上回る控除額分は還付されるため，就労することが経済的に有利となる。その一方で，逓減段階では働くほど控除額が減額されるため，ディスインセンティブが発生すると言う問題がある。既に就労している者，共稼ぎ（特に，夫婦共同申告の場合の片方）には就労調整インセンティブが発生することが指摘されている[16]。

(2) 児童税額控除

米国において，児童税額控除制度（Child Tax Credit：CTC）は1998年に子供を有する中低所得世帯の税負担軽減を目的として創設された。適格な子供（17歳未満等の要件を満たす子供）1人当たり1,000ドル（2011年から500ドルに減額）の税額控除が行われる。

児童税額控除には上下に所得制限が設定され所得が3,000ドル以下の者には適用がなく，所得が一定額（夫婦共同申告の場合110,000ドル，夫婦個別申告の場合55,000ドル，その他の場合75,000ドル）を超えると，超過分に5％の比率で減額される。なお，児童税額控除は確定申告時に所得税額から控除される[17]。

また，米国では児童に対する負担軽減措置として人的控除（3,650ドル）があり，19歳未満の児童又は24歳未満の学生を扶養する者に適用される。人的控

15　白石浩介［2010］13頁。
16　森信茂樹［2007］35頁。
17　税額を超える給付（Additional Tax Credit）に関して，制度導入当初は子供が3人以上いる場合に限定されていたが，2001年の法改正により一定額以上の所得を有する場合にも拡大され，所得再分配機能が強化された。付与された児童税額控除額のうち税額と相殺しきれなかった額，又は所得3,000ドルを超過する分に15％を乗じた額のいずれか少ない額が給付される。鎌倉治子［2010］3頁。

除に関して所得に応じた減額措置は2010年にいったん廃止され，2011年にサンセット条約により復活した。

(3) 勤労所得税額控除の問題点

勤労所得税額控除の執行機関は内国歳入庁（Internal Revenue Service）である。勤労所得税額控除では，過誤・不正受給が給付額全体の20～30％にまで及んでいるという実態が大きな問題となっている。過誤・不正受給の背景として，制度の複雑さから派生する過誤申請，及び代行業者による組織的なものを含む不正申請がある。米国の個人所得税は重複する諸控除により複雑化している。これらの諸控除を再編し簡素化することが税務行政の上で極めて重要とされている。１件当たりの受給額が少額でも，全体として過誤・不正受給額が巨額となる原因は申請件数が膨大であること，及び申請から給付までの期間が短いことに起因している。不正受給を防止するため，納税者番号（社会保障番号を納税者番号として活用）を使用した所得情報の捕捉，保健福祉省を通じた子供数の把握，ペナルティーの導入（過誤申請は２年間，不正申請は10年間，勤労所得税額控除の申請を認めない）をしている[18]。

3　英　　国

(1) 勤労税額控除

①　導入の背景

1997年に誕生したブレア政権は社会保障制度改革を政策の目玉として掲げた。当時の英国においては失業者の増大と社会保障給付への依存，及びひとり親世帯の貧困問題が最優先の政策課題とされていた。したがって，ブレア政権に具体的に求められたものは，就労促進政策と育児支援の拡大であった[19]。

一方，ブレア政権下においては“Welfare to Work”が掲げられ，社会保障制度と税制の統合が推進された。1999年に従来の家族控除（Family Credit：

18　鎌倉治子［2010］4頁。
19　森信茂樹［2007］37頁。

FC）を拡充する形で給付付き税額控除方式の勤労世帯税額控除（Working Family Tax Credit：WFTC）が導入された。2003年には現行の勤労税額控除（Working Tax Credit：WTC）に移行すると共に，分散していた児童に対する支援制度を児童税額控除に集約した（児童手当を除く）。したがって，低所得者の就労促進策（就労要件はあるが，有子要件はない勤労税額控除）と児童を有する中低所得世帯の支援（有子要件はあるが，就労要件はない児童税額控除）との間で役割分担がなされている。なお，2003年に低所得者の貯蓄を阻害するという理由で資本要件は廃止された。

② 制度の概要

勤労税額控除の特徴は税額控除額に逓増部分がなく，その代りとして就労時間要件の設定があることである。

摘要要件に関して，扶養児童（16歳未満の子供，フルタイムの教育又は訓練に従事している場合は20歳未満の子供）を有するカップルやひとり親が勤労税額控除を受けるには16歳以上であること，及び最低でも週16時間以上の労働に従事しなければならない。フルタイム就労への移行を促進することを狙いとして，カップルのうち１人が最低週30時間の労働に従事するか，又は１人の労働時間が最低16時間で２人の合計労働時間が最低週30時間となる場合には控除額が追加される（最大790ポンド，2010年）。夫婦子供２人の場合の最大控除額は4,600ポンドである。その他に，配偶者の就労促進を目的として両親ともに最低16時間の労働に従事するカップル，及びひとり親に対して育児費用の税額控除の適用がある。最大で，適格児童ケア費用（子供２人以上の場合，週当たり300ポンドを上限とする：2010年度）の80％相当額が税額控除される。

単身者及び子供のいない夫婦に対する勤労税額控除の適用要件は25歳以上で，且つ最低で週30時間以上の労働に従事していることである。なお，英国の所得税の課税単位は個人単位であるが，勤労税額控除の申請の際に夫婦共同申告でなければならない[20]。

20　鎌倉治子［2010］4－5頁。

英国における勤労税額控除と米国における勤労所得税額控除の相違点をみると，英国の税額控除額は労働時間に連動していること，及び所得と税額控除額との関係では逓増段階がなく，定額及び逓減段階のみであるという点である。英国の勤労税額控除は週16時間の就労時点で所得補助（Income Support）から税額控除に引き継ぎが行われることになり，また週30時間の就労時点では給付額が上乗せされる[21]。

(2) 児童税額控除

英国では1979年に，所得税の扶養控除（所得控除）が廃止され児童手当（Child Benefit）に統合された。2001年には（旧）児童税額控除（Children's Tax Credit）が導入されたが，税額を超える還付のない税額控除であった。児童税額控除（Child Tax Credit：CTC）は児童を扶養する家族への経済支援，及び低所得世帯等最困窮者への援助により，子供の貧困に対処すること等を目的として2003年に導入された。

児童税額控除は16歳未満（フルタイムの教育又は訓練を受けている場合は20歳未満）の児童のいる家族に適用がある。児童税額控除の適用要件を満たす家族に対しては，家族要素545ポンド（１歳未満の幼児がいる場合には545ポンドを加算）が適用され，さらに子供１人当たり2,300ポンドの子供要素が与えられる（2010年度）[22]。

(3) 勤労税額控除と児童税額控除の問題点

給付が世帯単位で行われるため，働き手が１人の世帯には効果的であるものの，共働き世帯では妻の就労意欲を削いでしまうという問題，すなわち世帯における第２稼得者の労働供給に悪影響を与える（又は就労調整を行う）といった問題がある[23]。

21　東京財団政策研究部［2008］12頁。
22　東京財団政策研究部［2010］12頁。
23　森信茂樹［2007］42頁。

税額控除額と所得税額との相殺は行われず，歳入税関庁から税額控除額の全額が給付されるが，給付の実施は毎週又は4週に1度である。なお，家族構成や育児費用といった状況の変化が随時，反映される仕組みとなっているが，給付は前年の所得に基づく仮払いという色合いも強く，年度末に総額の調整を必要とする。

制度の複雑さ及び過大給付（推計14億ポンド，2006年）が米国同様，本制度の大きな問題となっている。また，税務行政全般で使用される納税者番号はなく，勤労税額控除や児童税額控除の申請手続きには，国民保険番号が利用されている[24]。英国の税額控除の制度のイメージを示したのが図5－2である。

図5－2　英国の勤労税額控除等のイメージ（2010年度）

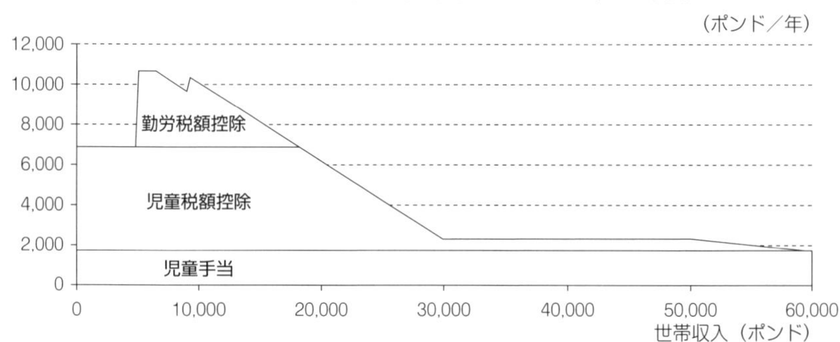

（注）　夫婦子2人の給与所得者世帯の場合（2010年度）。勤労税額控除については，最低賃金（時給5.8ポンド）で働いたものとし，児童ケア要素はないものとしている。
（出所）　東京財団政策研究部［2010］11頁。

⑷　ユニバーサル・クレジットの導入

英国における給付付き税額控除を中心とする社会保障給付制度は，実施主体が複数あるうえ，給付の種類[25]が多く重複した支払の可能性があり，非常に複

24　鎌倉治子［2010］6頁。

25　列挙すると，所得補助，求職者給付，雇用支援給付，住宅手当，地方税手当，障害者給付，介護者給付，児童手当，児童税額控除，就労税額控除，託児費用補助等，非常に多くの給付があった。大和総研［2012］2頁。

雑な仕組みとなっている。それに，ミーンズテストによる受給資格から派生する就労インセンティブの低下等が顕在化していた。

こうした制度の欠陥に鑑みて，英国では抜本的な制度改革として「ユニバーサル・クレジット」と称する制度の導入が検討され，2012年に同制度を主とする福祉改革法が成立し2013年10月から施行された。この新しい制度は実施主体は労働年金省が担うことになったが，税制改革というよりも社会保障制度の改革に重きを置いたものとなった。

ユニバーサル・クレジット制度は稼働年齢世帯を対象とする主な所得補完制度のうち，不就労者を対象とする社会保障制度，具体的には，所得補助，所得調査制求職者手当，所得関連雇用復帰援助手当の三つと，勤労税額控除，児童税額控除の給付付き税額控除二つ，さらには就労の有無を問わず低所得世帯を対象とする住宅補助を加えた六つの制度を統合したものである。

ユニバーサル・クレジット制度は，主として就労インセンティブの低下と制度の複雑さを克服するために導入された。原則として，申請できるのは英国に居住する18歳以上の年金受給開始年齢未満の者で，資力（所得と資本）条件を満たすも者である[26]。世帯単位であるため，パートナーがいる場合はカップル単位で共同申請が必要であり，教育を受けている間は基本的に受給が認められない[27]。申請，受給手続き，及び給付等は，可能な限りオンラインを用い，リアルタイムの情報システムでの下で運営されている。

このように，ユニバーサル・クレジット制度は低所得者向け給付制度であるが，所得再分配や就労インセンティブ，不正受給の防止等の効果についてはなお検証する必要がある。

４　オランダ

オランダでは2001年に行われたドラスティックな税制改革により，所得控除

26　Welfare Reform Act 2012. 第３条。
27　Welfare Reform Act 2012. 第２条。

（基礎控除や扶養控除等）を全て税額控除に変更した[28]。それと共に，31.7%の高率で課税されている社会保険料が所得税と合わせて一括徴収されることになった。その結果として，低所得者の所得税と社会保障負担が急増したため，緩和措置として勤労所得税額控除（Labour Income Tax Credit：LITC）が導入された。なお，税額控除は社会保険料負担の範囲内で行われ，還付・給付を伴わない点が特色である[29]。

勤労所得税額控除の特徴[30]は，逓減段階がなく[31]労働所得を得ている限り控除可能である[32]。労働所得を有する全ての者がその恩恵を享受することになるので，逓減段階による限界実効税率の上昇に伴う就労ディスインセンティブは生じないというメリットを持つ反面，高所得層が税額控除の恩恵を受け続けるため，所得再分配の観点から2016年より税額控除の消失化を実施した[33]。

児童税額控除に関しては，低所得層は所得税額が少ないために恩恵を受けられないことがあるという指摘や，児童手当を増額すべきとのことで2008年に児童手当（所得制限あり）に変更された[34]。

2016年現在，税額控除は様々な税額控除が追加され，税制が複雑になっている[35]。多くの低所得者は納税しておらず，税額控除を拡大しても効果はないと言われている。また，オランダでは若者の貧困問題があり，特に高率の社会保

28　2001年の税制改正で７つの所得控除が廃止され，新たに12の税額控除が導入された。税額控除は毎年のように見直され，2014年１月現在で就労促進を目的とした税額控除が多くを占めている。柴由花［2014］149頁。

29　“no tax, no gain”の原則に則り，税と社会保険料の範囲内でのみ税額控除を認めている。政府税制調査会［2009］5頁。

30　もうひとつの勤労所得税額控除の特徴は，低所得者に対する逓増部分が２段階になっている点である。これは，最低賃金以下の女性のパートタイム労働者に就労のインセンティブを付与するためと考えられる。柴由花［2014］152頁。

31　これは，逓減に直面した納税者にとって，ネガティブなインセンティブとならないためである。柴由花［2014］151頁。

32　東京財団政策研究部［2008］15－16頁。

33　政府税制調査会［2016］7頁。

34　政府税制調査会［2016］1頁。

35　政府税制調査会［2016］3頁。

険料負担等が問題となっている。

5　カナダ

カナダのGSTクレジット（Goods and Services Tax Credit）は，上記の給付付き税額控除の区分において第４類型に該当する消費税逆進性対策税額控除である。1991年の付加価値税（Goods and Services Tax：GST）導入時に，生活必需品に係るGSTの負担を還付することを目的として，GSTクレジットが創設された。

GSTクレジットの適用に関しては，原則として19歳以上の者が申請可能であり，給付額は家族の人員構成と所得によって決定される[36]。具体的に示すと，本人分と配偶者分が各253カナダドル（2011年７月から１年間），18歳以下の子供１人当たり133カナダドルである。単身者の場合には，最高で133カナダドルの加算がある。なお，家族の実所得が32,312カナダドルを超過した場合に関しては，超過分の５％相当額が減額される。

なお，付加価値税の逆進性対策として欧州各国で導入されている食料品等の生活必需品への軽減税率の適用は，制度の複雑化を招き，納税協力費及び税務行政費を上昇させる。給付付き税額控除方式ならば，こうしたコストを回避することができる。ただし，給付付き税額控除方式には，家計が実際に負担する付加価値税額と税額控除の額が一致しないという問題がある[37]。

第３節　給付付き税額控除制度と日本税制

1　各国における給付付き税額控除の示唆

(1)　給付付き税額控除と消費税の逆進性対策

既に述べた通り，カナダにおいては付加価値税の逆進性対策を目的として，生活必需品に対する低所得者の支出に係る付加価値税負担分を税額控除・給付

36　加藤慶一［2012］6頁。
37　白石浩介［2010］17頁。

する制度（GSTクレジット）が導入されている。

消費者の財・サービスの選択を歪めないという点で給付付き税額控除は中立的である。また，所得捕捉を適切に行った上で真に必要とする者に恩恵を与えることで，効果的な再分配を行うことができる。付加価値税の逆進性に対する緩和度合いを給付付き税額控除と軽減税率とで比較した多くの研究において，そのほとんどが給付付き税額控除の方がより効果的に低所得者の負担軽減が可能であるとの結果を導いている。したがって，日本で消費税の逆進性対策を行う際には，給付付き税額控除の方が望ましいとの見解が多い[38]。

英国等の欧州諸国が付加価値税の逆進性対策として導入している軽減税率に関しては，高所得者に対してもその恩恵が及ぶことから，再分配政策としての効果は乏しい。また，何を軽減税率の対象にすべきか議論が錯綜し制度の複雑化を招きかねず，事業者の事務負担及び税務行政費を増大させる結果となっている。さらに，軽減税率適用により生ずる減収分を補うため標準税率を高くせざるを得ないという批判がある[39]。

したがって，各国において軽減税率に対し専門家の間で批判的な見方があり，欧州諸国でも税率構造の簡素化に向けた努力がなされている[40]。

(2) 給付付き税額控除と低所得者に対する所得保障

英国の勤労税額控除及び児童税額控除は，両制度を一体化させ，給付付き税額控除制度を構成している。勤労税額控除は，主な給付要件を就労時間とすることで，低所得者に対する所得保障の機能を担い，児童税額控除は子供の数を主な給付要件とすることで，子育て支援の機能を担っている。

先進国の中でも，英国における給付付き税額控除の給付額は，最も多い部類に属しており，OECD（2005）によれば，給付付き税額控除の導入目的を，無就労者に対する就労インセンティブの喚起とする場合には，給付額は控えめに

38　加藤慶一［2012］6頁。

39　森信茂樹［2010］38頁。

40　Mirrlees［2011］p. 229，pp. 484－485.，加藤慶一［2012］8頁。

すべきであり，他方，既に就労済みの者に対してキャリア形成や長期就労のインセンティブを喚起させるためには，給付額を高めに設定し，逓減部分の減額率を大きくするのが有効であると指摘されている。英国では，無就業者の就労支援及び職業訓練は，積極的雇用政策として知られる一連の就労支援策の展開により，税制以外の政策手段が担っている。英国の勤労税額控除及び児童税額控除の政策目的は低所得者に対する所得補助であり，したがって控除額に関して比較的多くの基準を設けることにより，様々なタイプの低所得世帯を支援する制度になっている。

仮に日本の給付付き税額控除の政策目的を，低所得者の所得補助を重視するものとするならば，英国の勤労税額控除及び児童税額控除の仕組みを参考にすることができる。月当たりの就労時間を基準に，高めの税額控除を設定し逓増段階は設けず，逓減段階はきつめとする。一方，子育て支援を目的とする税額控除は適用基準及び控除額を子供の数に応じて設定し，就労は要件としない方が望ましい[41]。

また，米国の制度のように，収入が増加するにつれて税額控除が増える逓増段階の必要性に関しては，就労インセンティブと所得保障のどちらに重点を置くかにより見解が分かれる。米国では，生活保護の受給により就労を回避する失業者やシングルマザーの存在が問題視されており，そのため就労インセンティブを考慮した制度設計が要請されるが，日本においては就労インセンティブへの配慮に対する必要性は低いとの議論がある[42]。

米国や英国と異なり日本の母子世帯の就業率は高いため，勤労税額控除が就労調整につながりかねない点にも留意する必要がある。子供を持つ二親世帯に関しても，経済支援につながる点での効果は期待できるが，母子世帯の場合と同様に就労調整につながる可能性は排除できない[43]。

41　白石浩介［2010］16頁。
42　白石浩介［2010］14頁。
43　森信茂樹［2008］45頁。

2　望ましい給付付き税額控除制度

(1)　給付付き税額控除制度導入の課題

①　所得捕捉及び番号制度の必要性

給付付き税額控除は所得により税額控除（給付）額が変動する制度設計となることから，所得の捕捉を正確に行う必要がある。しかし，現在の制度において，所得情報は国税庁と地方自治体に分散している。特に，給付付き税額控除の主な対象となる低所得者の所得情報は，地方自治体の方が広く把握している。したがって両者がそれぞれ持っている所得情報の一元的な把握が不可欠である。さらに，税額控除（給付）額を算定する際に給与所得や事業所得だけでなく，利子や配当，株式譲渡益等も合算するとすれば，金融所得に関しても正確な捕捉が必要である[44]。

給付は，家族単位で行うため所得を正確に捕捉する必要があり，所得捕捉に関する課税インフラを整備する必要がある。英国やフランスにおいて，納税者番号は導入されておらず，社会保障番号により執行されている。

英国では，受給希望者は世帯単位で，歳入税関庁・税務署へ申請する。納税者番号に代えて，税務署の管理番号や社会保障番号を用いて給付管理を行っている。2005年までは，雇用者が源泉徴収した税額を該当者の給与に上乗せする形で支払っていた。2006年以降は，雇用者の事務負担に配慮し，国から個人口座への直接の振り込みとなった。したがって，日本に導入する場合には，英国等の例からも分かるように納税者番号は必ずしも必要としないが，社会保障番号は必要であろう[45]。

②　不正受給の問題

不正受給をいかに防止するかという観点からみると，米国においては，20%超の不正給付が政治問題化し，内国歳入庁（IRS）による様々な改善が行われた。20%という過小報告の比率に関しては，個人事業者の税務過少申告比率と

44　加藤慶一［2012］7頁。
45　森信茂樹［2009］26頁。

比べて決して高いとは言えないこと，及びフードスタンプ制度に比べて執行コストを小さく抑えることができるとの評価もある。いずれにしても，過大申告・給付の原因は，米国制度の複雑さにあり制度の簡素化が提案されている。

給付（還付）における公平性確保のためには，導入当初の英国のように給付事務を年末調整の際に企業レベルで行う制度設計とすることで，企業の事務負担増加は避けられないが，給与所得者の不正防止には有効である[46]。

③　執行体制の問題

米国型では，税額控除は確定申告の一環として取り扱われ，英国型では，税とは別の申請に基づき税務署から税額控除の支給を受ける。このように制度導入国では給付も税務当局により行われており，日本でもこうした体制作りが不可欠である。日本では長年，税は申告，社会保障給付は申請というように区分して執行されてきた経緯から英国型の方がなじみやすいと思われる。社会保険料も一体的に捉えた制度設計が望ましいと考えれば，将来的には徴収の一元化が必要であろう。

④　財源の問題

オランダにおいて所得控除の縮小とセットで導入した税収中立型，そして英国において既存の社会保障費もあわせて整理統合した財政中立型等がある。日本での導入に際しては，所得控除である基礎控除，配偶者控除，給与所得控除の縮小（税収中立）とのセット，さらには既存の社会保障給付措置の見直し（財政中立）とのセットで行うことを原則とすべきである[47]。

以上，各国における給付付き税額控除，及びその問題点について概観したが，税制と社会保障制度の一体化は，効率性と公平性の同時達成を狙いとしており，極めて野心的な試みである。先進国において給付付き税額控除の導入が拡大してきた背景として，就労インセンティブの確保や所得控除拡大による所得税の課税ベース侵食を食い止める必要があること，及び所得格差問題が深刻化し，税制と社会保障制度を一体化させることにより所得再分配機能を強化すること

46　森信茂樹［2008］46頁。

47　森信茂樹［2009］27頁。

があげられる。

各国における勤労税額控除と児童税額控除の導入は貧困対策や就労インセンティブを高めることを目的として，税制と社会保障制度を一体的に構築することにより，資源配分機能及び所得再分配機能を同時に遂行することを意味する。すなわち，トレード・オフの関係にある効率と公平の両方を同時に追求したものと言える。

日本において消費税の逆進性対策を実施する際には，現行の軽減税率よりも給付付き税額控除の方が望ましいであろう。日本の給付付き税額控除の政策目標が低所得者の所得補助を重視するものとするならば，英国の勤労税額控除及び児童税額控除の仕組みを参考にすることができる。高齢化社会が一層進展する経済社会において，効率性と公平性の確保の観点から，税制と社会保障制度の一体化は喫緊の課題である。

マーリーズ・レビューは経済成長政策と再分配政策の両立に関して革新的な内容を勧告しており，今後の日本の税制と社会保障制度の改革において極めて示唆に富むものである。

第6章

労働所得税と給付の統合

本章では，マーリーズ・レビューの「統合家族支援」(Integrated Family Support) に関する提案を中心に，低所得層に対する税制と給付制度のあり方を検討する[1]。

第１節では，税・給付制度が就労インセンティブに与える影響に着目し，労働参加税率と限界実効税率の二つの概念を基に低所得者に対する課税について考察する。第２節では，統合家族支援について概観する。統合家族支援は，簡素で強い就労インセンティブを低所得層に与え，家計の納税協力費を減らす狙いを持っている。この提案は英国における給付付き税額控除の課題である就労インセンティブ問題，及び制度の複雑さから生じる不正受給問題の解決に向けられたものである。第３節は，個人に関する税と給付制度の統合，及び所得税と国民保険料の統合に向けたマーリーズ・レビューの提案を考察する。

第１節　低所得者に対する課税

1　税と給付の就労インセンティブ―PTRとEMTR―

税制と給付制度は就労インセンティブに影響を与える。その効果は労働参加税率 (Participation Tax Rate：PTR) 及び限界実効税率 (Effective Marginal Tax Rate：EMTR) によって測定可能である旨をマーリーズ・レビューは述

1　日本財政学会第74回全国大会（2017年９月16日，立教大学）における報告「英国の家族支援のあり方―マーリーズ・レビュー提案を中心にして―」を加筆したものである。

べている[2]。この二つから税と給付が就労インセンティブに与える効果を概観する[3]。労働参加税率は，「１－（課税後労働所得－失業給付）／課税前労働所得」[4]として定義される。労働参加税率は税・給付制度が労働所得に与える効果を測定するものであり，就労インセンティブを測る指標である。

例えば，給付プログラムにより失業時に週当たり60ポンドを受け取り，250ポンドの課税前労働所得があるとすれば，労働所得税を40ポンド支払い，失業給付を60ポンド失うことになる。この場合，PTRは，１－(210－60)／250＝１－0.6＝0.4，となり，手取り率60％，労働参加税率40％となる。手取り率が低いほど労働参加税率は大きくなり，就労インセンティブは弱くなる。PTRは，理論的には負の場合も考えられるが，現実には０％から100％までの範囲にあると考えてよいだろう（100％以上になることは手取りがゼロ以下になることを意味するので，100％以上になることはあり得ない)。もし働くことにより税額控除を30もらえるのであれば，分子に30を加えるので，手取り率が上がるため，PTRは低下し28％となる。

限界実効税率は，限界的な収入増加が税負担増及び給付減に与える効果を測る指標である。限界実効税率は予算線の特定の点における勾配に等しい。限界実効税率の値が大きいほど，税・給付制度は僅かな稼ぎでも追加的収入を減少させる。限界実効税率も０％から100％の範囲にあると考えられる。限界実効税率＝100％の場合には追加的な稼得の影響を受けないことを意味する。限界実効税率＝０％の時には，個人は追加的な稼得の全てを確保する。限界実効税率が負の場合も考えることが可能であり，その場合には個人の純所得は所得の

2　Mirrlees［2011］p. 82.

3　Mirrlees［2010］pp. 97－98.

4　正確を期すために原典を示すと，次の通りである。Mirrlees［2011］p. 83.

$$\mathrm{PTR} = 1 - \frac{\text{Net income in work} - \text{Net income out of work}}{\text{Gross earnings}}$$

マーリーズ・レビューのPTRの定義に関して，みずほ総合研究所［2010］４頁では｛1－(働く場合の純所得－働かない場合の純所得)／粗所得｝と訳出している。この労働参加税率については，比較的新しい概念で高松［2016］156－162頁に詳しい。

追加的な変化より増加する。

図6－1は，英国における労働者の労働参加税率と限界実効税率の分布を2009－2010年度について求めたものである。労働者の10％の労働参加税率は30％以下で，限界実効税率は40％以下である。労働参加税率と限界実効税率の平均値と中央値はほぼ50％である。労働者の半数の労働参加税率と限界実効税率は40％と60％の間に分布し，労働者の残りの半数はこの範囲になく若干下位にある。この図から分かるように限界実効税率のグラフは実効税率40～60％の間で垂直に近い形状を示し，労働者の4分の3は40～60％の限界実効税率に直面している。そして，労働者総数の15％（約350万人）の限界実効税率は75％を上回っている[5]。

図6－1　労働参加税率と限界実効税率

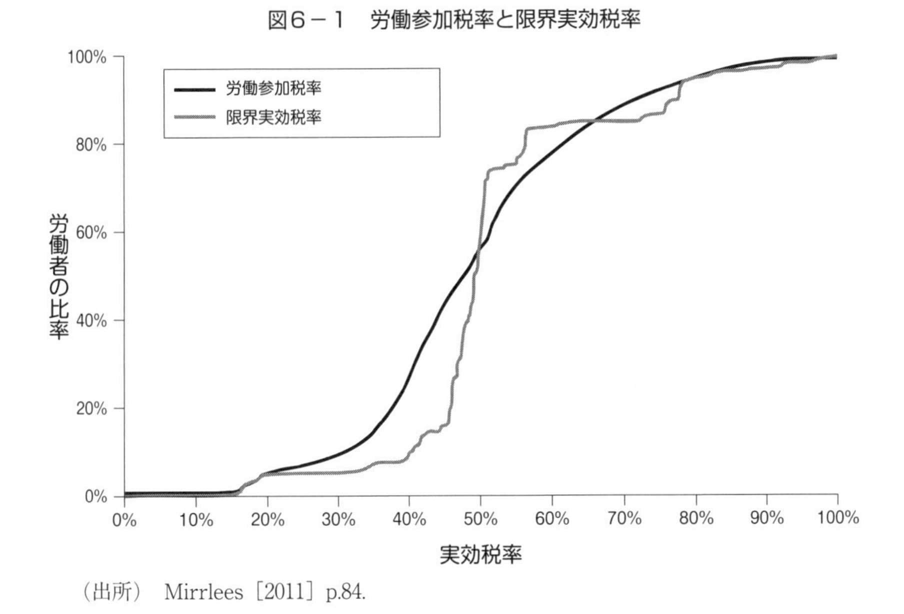

（出所）　Mirrlees［2011］p.84.

5　Mirrlees［2011］p. 84.

労働参加税率と限界実効税率は，所得水準や住宅保有の有無，家族形態等により変化する。子供のいる片稼ぎカップルの就労インセンティブは最も弱く，共稼ぎ世帯や子供のいない人々の就労インセンティブは最も強い。ひとり親は限界実効税率が最も高く，追加して稼ぐことへのインセンティブが最も弱いことを意味している[6]。

子供のいる低所得者は子供のいない低所得者よりも明らかに就労インセンティブが弱い傾向にある。というのは，児童税額控除が十分なミーンズテスト付き支援を提供するので，所得が上昇するにつれて削減されるからである[7]。また，パートナーの存在や所得も重要であり，ミーンズテストはカップルの合算所得で評価されるため，カップルにおける第２稼得者の就労インセンティブは第１稼得者の就労インセンティブのパターンとは異なる。パートナーが低所得の場合には，第１稼得者は勤労税額控除の資格を有することになり，労働参加税率は低くなる。しかし，これは就労しようとする第２稼得者にとってはディスインセンティブとなり，カップルの勤労税額控除に対する資格を引き下げることになるからである。したがって，第２稼得者は高い労働参加税率を有することになる。他方，カップルの第１稼得者がミーンズテスト付支援に対する世帯資格を使い果たすだけの稼得があるならば，低所得の第２稼得者は非常に低い限界実効税率に直面する。税額控除制度が，子供のいる世帯の第１稼得者の限界実効税率に及ぼす影響をみると，１週間当たり約500ポンドの所得で限界実効税率は70％を超えている[8]。

2　低所得者の実効税率

さて，低所得者の実効税率について概観しよう。低所得者はミーンズテスト付給付が停止される際に，非常に高い労働参加税率と限界実効税率に直面する。

6　Mirrlees［2011］p.86.
7　アトキンソンは資力調査の結果として発生する貧困の罠及び未申請の問題から英国におけるミーンズテストに対して疑問を呈している。Atkinson［2015］242－244頁。
8　Mirrlees［2011］pp.87－89.

限界実効税率を引き下げることは，低所得者に対する支援をやめることになり最も貧しい人々がさらに貧しくなるか，又はより高い所得の人々の支援を拡大することで誰かの負担になる。

これは，租税政策の中心的なジレンマであるが，これを具体的に検討したBrewer，Saez及びShephard［2010］の議論がある[9]。彼らは英国における低所得者の労働参加税率と限界実効税率は高すぎるとして，ミーンズテスト付き給付と税額控除は改革すべきだとして，次の4点を提案している。①給付が停止される直前の稼得可能総額を週50ポンドへ増額する。②税額控除の停止直前に共稼ぎカップルの稼得可能総額を2倍にする。③税額控除停止時税率を，稼得1ポンド当たり39%から34%へ引き下げる。そして④所得扶助と失業給付の税率水準まで勤労税額控除の税率を上昇させる。

改革の前後における同じ低賃金のひとり親が直面する予算線にどのような影響を及ぼすかをみると，就労による所得の上昇が顕著になることが分かった。就労インセンティブの強化はミーンズテスト付き給付が停止される前に，稼得可能総額を50ポンドへと増額するという上記の改革から生じる結果であり，その場合予算線はフラットになる。

これらの改革は人々の就労インセンティブを促進するようにデザインされている。非常に低い所得水準に対する労働参加税率と限界実効税率を低下させることになる。ミーンズテスト付き給付，及び高い限界実効税率はさらに所得再分配を強化することになる。この提案は，以下のようなトレード・オフを指摘している[10]。

⑴　就労インセンティブ対稼得増インセンティブ

低賃金労働者の純所得を増加させる上記の改革法の4要素は労働参加税率を低下させ，所得増加のための就労インセンティブを低下させる。

⑵　第1稼得者のインセンティブ対第2稼得者のインセンティブ

低所得世帯に対する給付を増加させることは，第1稼得者の就労インセ

9　Mirrlees［2011］pp. 95－96.
10　Mirrlees［2011］pp. 97－98.

ンティブを増加させるが，給付が追加的所得を得ることと引き替えに停止される場合には，第２稼得者の就労インセンティブを引き下げる可能性がある。

⑶　少数の人々の非常に弱いインセンティブ対多数の人々の非常に弱いインセンティブ

税額控除が停止される税率を引き下げることは，最も高い限界実効税率に直面する人々の税額控除の引き下げを意味する。高い限界実効税率の範囲とミーンズテストの拡大は公平性の観点から有意である。現行の限界実効税率は低所得者にとって非常に高いので多少の拡大が正当化される。

⑷　理論的最適性対実際の考慮事項

ミーンズテストの拡張は限界実効税率の効果とは別に，政府の余分な行政費，申請者の混乱と汚名，資格の取消等の現実的な欠陥が発生する。これらは理論的なトレード・オフを正確に得ることよりも重要である。

これらのトレード・オフ改善のために代替的政策が選択される可能性がある。比較的低い所得水準（最低ではない）で，ミーンズテスト付き給付の拡張なしに，労働参加税率を引き下げるひとつの明確な方法は所得控除を増加させることであるが，この代替案は人的控除を超える所得に対してのみ影響を与えるので，制度の問題点を解決するものではない。それに対して，労働参加税率を引き下げる議論は，低所得水準の所得に強く作用するのである。

もうひとつの可能性のある改革は，第２稼得者の就労インセンティブを弱める第１稼得者のサポートに関するものであり，勤労税額控除を完全に個別に適用することである。その際，パートナーの経済状況とは無関係に，働く個人の所得にミーンズテストを実施して，別々に勤労税額控除を適用するというものである[11]。

11　マーリーズ・レビューは，所得階層を10分類し所得分布における特質（逆U字型）を分析している。Mirrlees［2011］pp. 99－100.

第2節　英国の統合家族支援

マーリーズ・レビューは，英国の税・給付構造は直ちに変更されるべき旨を勧告し，新たな税と給付制度の改革プランを提案している。新たな税・給付制度の核心は，統合家族支援と呼ばれる新しいプログラムである[12]。統合家族支援は児童税額控除，勤労税額控除，所得補助，失業給付，子供手当，住宅手当，及びカウンシル税給付（Welfare Tax Support）[13]の代替を担うプログラムである。本節では英国の家族支援について考察する。

1　税制と給付制度のデザイン

所得税率と給付プログラムは論争を巻き起こしているが，その核心は公平性と効率性のトレード・オフである。政府は再分配に価値を置き，富裕層の所得に高率に課税することによって低所得層への所得移転を模索する。所得再分配は，税と給付の持つディスインセンティブ効果のため，効率性を低下させる。所得税は中高所得層の労働供給インセンティブや企業家精神を弱め，給付プログラムは受給者の労働供給インセンティブを低下させる。これら二つのコストは低所得世帯の生活水準改善のため，社会全体のコストを実質的に上昇させることになる[14]。

マーリーズ・レビューは，家計に影響を与える税・給付制度を経済学的観点から考察し，英国における税と給付制度に関する研究成果を取り入れるべき旨を勧告している。税制と給付制度をデザインする課題は二つのステップで取り

12　Mirrlees［2010］pp. 150－151.

13　貧困世帯のカウンシル税（地方税）に対してカウンシル税給付（Welfare Tax Benefit）が支給されていたが，「2012年福祉改革法（Welfare Reform Act 2012, Section 10）」により，2013年度から廃止され，代わりに「カウンシル税軽減プログラム」の策定・実施が義務付けられた。

14　Mirrlees［2010］p. 93.

組まれる[15]。

第1のステップは実証分析であり，税と給付制度に対する個人の労働供給の反応に関するモデルが使われている。税と給付に対する個人の反応を推計した多くの研究がある。第2のステップは規範（理論）的分析，又は最適政策分析であるが，規範的分析は実証分析において展開されたモデルを用い，どのような税と給付制度の構造及び規模が所与の政策目標に最も適合するかを研究することである。この一連の研究は広い意味で最適課税論と言えよう。最適課税論は所得税率の設定と同じように，多くの給付制度のデザインにも関係する[16]。すなわち，最適課税論の重要な概念のひとつは租税関数の概念であるが，これは低所得者への給付を含む概念として考えることができる。高所得の人々は正の所得税を支払い，低所得の人々は給付を受けることである。

最適課税論の核心は，税・給付制度が公平で，且つ就労に対するディスインセンティブ効果を最小化することにある。この両者のそれぞれについてどのようにウェートを置くかということが問題となる。最適課税論はこれらの基準をひとつに結合するために経済分析を用いている。社会的厚生を最大化するための税・給付制度をデザインする際に，政府は租税収入を必要とする。経済規模の拡大，及び公平な所得分配の両者の要請を社会的厚生の最大化という観点から考えることになる。

実際の政策論争の場において，公平と効率の二つの要素はトレード・オフの関係にある。すなわち，市場メカニズムを重視する政策立案者は再分配政策に対する異議について明言はしないが，高税率又は寛大な給付に対するディスインセンティブ効果は大きいと信じているため，再分配に対する選好は弱い。対照的に，公平性を重視する政策立案者は，給付による所得分配の改善を強調するが，給付に対する逆の行動反応や給付資金に必要な高税率を無視する傾向がある。

ところで，最適課税論の多くのモデルは，個人をベースとして家族問題を捨

15　Mirrlees［2010］pp. 93－95.

16　鈴木将覚［2014］11－14頁。

象しているが，実際には多くの人々はカップルで暮らしており，所得をプールしていると仮定することができる。また，最適課税デザインに関して子供の存在をどのように反映させるべきかを論じる必要がある。家族単位の経済行動に対して，英国における現行の個人所得税と給付制度がどのような影響を与えているかを考察する必要がある。

低所得世帯に対する所得補助，勤労税額控除と児童税額控除，住宅手当及びカウンシル税給付の給付を統合し単一の家族支援プログラムに再構築すべき旨を，マーリーズ・レビューは提案している[17]。統合家族支援プログラムは低所得層に対してより強い就労インセンティブを与え，世帯の納税協力費を引き下げるようにデザインすることができると指摘している。そして，源泉徴収制度のような仕組みと同様に実施するのである。

2　税制と給付制度の特徴

英国における給付制度に関して，マーリーズ・レビューは，以下の点を特徴として挙げている。すなわち，所得税率や，時間ルール，児童扶養支援，地方税に関わる給付，限界実効税率等である[18]。

第1に，非常に低い所得に対する労働参加税率は0％であり，そこから急に上昇することである。これは，稼得のない世帯や，週15時間以下就労する世帯に対する主要なミーンズテスト付き給付構造を反映している。失業給付や所得補助を受ける世帯に対しては，少額所得（成人独身者1週間5ポンド，カップル1週間10ポンド，ひとり親1週間20ポンド）は無視されるが，これを超えると100％の限界実効税率が適用される。それゆえ，給付の受給資格を完全に使い果たすほど十分な稼得がないか，又は勤労税額控除の資格を得る十分な時間数を就労しないならば，各世帯は無視されるレベルを超えて所得を増加させるインセンティブはない。

第2に，時間ルールは，英国における給付制度の極めて重要な部分である。

17　Mirrlees［2010］p. 96.
18　Mirrlees［2010］pp. 141－143.

このルールは次のようなものである。すなわち，16時間以上就労の個人は失業給付や所得補助を請求できず，16時間以上就労の子供のいる個人は代わりに勤労税額控除を請求することができるが，子供がいない場合は30時間以上の就労である。これらの時間ルールによって労働参加税率は著しく不連続になっている[19]。すなわち，労働参加税率は失業給付や所得補助の資格を使い果たす直前に最大値に達するが，週16時間労働すると大きく下落する。

第３に，子供のいる世帯への支援に関する特徴がある。扶養する子供のいる世帯はミーンズテストなしの子供手当を通じて，子供支援を受けることができるが，ほとんどの世帯はミーンズテスト付きの還付付き児童税額控除を通じて受給している。2008－2009年度において，２人の子供のいる稼得のないひとり親の世帯は，所得補助，子供手当，及び児童税額控除を合わせて，週183ポンドを受けている。これは，子供のいない独身成人の３倍である。

第４に，中低所得者の予算制約線の形は，世帯が住宅手当及びカウンシル税のミーンズテスト付き給付を受ける資格を有しているかどうかにより異なる。失業給付や所得補助を受けている世帯は自動的に住宅手当やカウンシル税給付の全額を受ける資格を有するが，一度，失業給付や所得補助を失うと，住宅手当やカウンシル税給付は急速に低下し，就労による利得は劇的に減少する。例えば，稼ぎ手が週16時間働く時の純所得は年2,626ポンドを超えて増加する。しかし，住宅費が年当たり4,160ポンドの稼ぎ手の場合，純所得は年当たり312ポンド減少する。

第５に，所得税及び国民保険料の税率により，限界実効税率が決定されることである。年間所得が，限界実効税率31％になる5,435ポンドに達した時，所得税（20％）及び被雇用者の国民保険料（11％）は両方とも納税義務が発生する。高い所得税率が適用されるほど稼得額が高い場合，限界実効税率は47.7％へ上昇する。英国政府は，既に2009年４月からこの臨界点を実質的に引き上げると発表している。

19　Mirrlees［2010］pp. 137－138.

第6に，限界実効税率は，税額控除又は住宅手当・カウンシル税給付の資格を有する世帯にとってかなり高い。年間所得が一旦，6,420ポンドに達したならば，税額控除を受ける資格は低下しはじめ，限界実効税率は39%から70%へ上昇する。子供2人のフルタイム勤労世帯は，年間粗所得が28,150ポンドに達すると，限界実効税率は70%から31%へ低下する。

このように，英国における税・給付制度は極めて複雑であり，改革すべき種々の問題点がある。

3　税制と給付制度の改革プラン

マーリーズ・レビューは，税・給付構造の欠陥に鑑み，制度固有の就労インセンティブの問題を検証し，税・給付制度に対するよりラディカルで包括的な一連の構造変更を提示すると共に，税務行政上の失敗に関して指摘している[20]。この改革案の勧告において，以下の点を指針としている[21]。

第1に，世帯における第2稼得者や教育水準の低い個人のような一定のグループにとって，エクステンシブ反応（働くかどうか）がインテンシブ反応（どれだけ働くか）よりも重要である。第2に，税制が就業時間に及ぼす影響はほとんどの人について非常に低く，おそらくゼロである。第3に，英国において最高所得者に適用される限界実効税率引き上げの余地はほとんどないか，又は全くない。最後に，所得税制は個人単位で課税されることは当然とみなすが，これは個人ごとに課される所得税を支持する極端に強い政治的コンセンサスを反映している。

英国における税・給付制度に関し，マーリーズ・レビューは是正すべき点として次の四つを指摘している[22]。第1に，低所得者が勤労税額控除の資格を得る前の労働参加税率は100%に近く，勤労税額控除がなされても高い。最適課

20　60歳以上の人々及び長期間の病気又は障害を持つ人々に関する改革は提示されず，また失業給付の条件や労働政策に対する福祉のデザインに関しても論じられていない。Mirrlees［2010］p.144.

21　Mirrlees［2010］p.145.

22　Mirrlees［2010］p.146.

税論は，人々の就労を促進するため，所得水準が低い場合には労働参加税率は低くするか，又は負にすべきであると示唆している。第２に，所得税と国民保険料の高い層に適用される勤労税額控除及び児童税額控除の段階的廃止は，大多数の中低所得者に対する雇用者の国民保険料を含めると73.4％の限界実効税率を発生させるため，こうした限界実効税率は高すぎる。第３に，住宅手当に関するミーンズテストは極めて高い労働回避率と税務行政上の問題等を有している。第４に，所得税と国民保険料の制度は簡素で効率的であるが，児童税額控除，勤労税額控除，さらに住宅手当やカウンシル税給付の制度は，請求者や政府にとってコストがかかり不正行為や過失も大きくなりがちである。

４　税額控除と給付の統合

さて，税額控除と給付の統合についてである。マーリーズ・レビューが提案するラディカルな改革プランは，就労促進のため正の減税を実施し，税務行政の簡素化，雇用者及び請求者のコストの引き下げを狙いとして，児童税額控除，勤労税額控除，所得補助・失業給付，子供手当，住宅手当，及びカウンシル税給付に代替する統合家族支援と呼ばれる税・給付プログラムである[23]。この統合家族支援の重要な特徴として，受給者の安心感，家族ベースの給付，労働参加税率の引き下げ，中低所得世帯の統合家族支援からの撤退，逓減税率，給付の支払不足と過払の調整の６つを挙げている[24]。

第１に，給付を統合することは，請求者の環境が変化する場合に移転を受け続けることに安心感を付与し，給付が相互に作用する際に発生する問題の解決を意味し，給付請求者の納税協力費を引き下げ，さらに不正行為の防止や税務行政の簡素化につながる。

第２に，統合家族支援の最大の受給資格は家族ベースとして，家族要素，子供要素，及び住宅要素の総計とする。この構造は広く，移転と税額控除を通し

23　佐藤主光教授はマーリーズ・レビューの統合家族支援に関して肯定的に評価している。佐藤主光［2011］94頁。

24　Mirrlees［2010］pp. 150－152.

て与えられる一連の現在の最大資格を反映している。

第3に，統合家族支援における給付は世帯所得のミーンズテストに基づいているが，90ポンド又は最低賃金で16時間強の労働に関してはカウントされない個人所得がある。これは家族における各成人に対して適用され，そこで，カップルでは2人の成人それぞれが90ポンドまで稼ぐことができ，そして最大限の統合家族支援を受け続けることができる。改革案の主要な狙いは，非就労者の労働市場への参加を促進するために労働参加税率を低くすることである。

第4に，統合家族支援は有資格の中低所得世帯に対して直接に支払われるが，統合家族支援からの撤退は現行の所得税と国民保険料の源泉徴収制度を通じて達成される。統合家族支援は年単位の制度ではないが，代わりに週単位又は月単位の周期による非累積的基準で運営される。その狙いは統合家族支援が給付付き税額控除（児童税額控除及び勤労税額控除）よりも，透明性と確実性を確保することである。

第5に，統合家族支援には，子供・家族要素と住宅要素の二つの逓減税率を設ける。家族が子供要素と家族要素に基づく支援を受けている場合は30%，家族が住宅要素に基づく支援を受けている場合は45%である。これは中低所得者に対する限界実効税率は高すぎるため，税額控除や住宅手当，カウンシル税給付の資格を有する世帯の限界実効税率全体を引き下げることを意味する。

最後に，統合家族支援の制度は支払不足又は過払いを排除できないが，それらの発生率は現行制度と比較してかなり引き下げられよう。所得税の納付の申告過程と結合させても，年末調整は依然として必要である。給付世帯が過受給した際に早急な返金を要求せず，将来の統合家族支援の合理的な削減を通じて徐々に差額を引き下げることができよう。

マーリーズ・レビューは家計に影響を与える税と給付のデザインに関して熟慮して統合した単一の家族支援プログラムを提案している。統合家族支援は，強く簡素な就労インセンティブを低所得層に与え，家計の納税協力費を削減して，稼得を提供し，源泉徴収制度と同様に実施される。統合家族支援は英国における給付付き税額控除の課題とされる就労インセンティブ問題，制度の複雑さから生じる不正受給問題の解決に向けて有効な手段と考えられる。

第3節　個人に関する税と給付の統合

本節では給付制度の統合，税と給付の統合，及び所得税と国民保険料の統合に関して考察する。

1　給付制度の統合

まず，給付制度の統合についてである。英国における給付及び税額控除制度は所得税や国民保険料よりも制度が複雑で重複するプログラムが多い[25]。これらは低所得世帯に対する支援を意図したプログラムであり，所得補助や所得ベースの求職者手当，所得ベースの雇用支援手当，住宅手当，カウンシル税給付，年金控除，勤労税額控除と児童税額控除等から構成されている。重要な給付は，児童手当，公的年金，冬季燃料手当，拠出ベースの求職者手当，障害者手当，キャリア手当，そして拠出ベースの雇用支援手当等の不測の事態に対するミーンズテストなしの支援を目的とするもので，多くの世帯はこれらのいくつかを同時に請求している。

第1に，多くのプログラムが存在するインプリケーションは制度全体として目的に適った構造ではないことである。いくつかのミーンズテストの相互作用により，所得に対して非常に高い実効税率に直面する人が出てくる。

プログラム過多による第2のインプリケーションは，資格を有するかどうか人々が知らない場合である。人々の環境に変化があった際に，資格があっても放置したままとなる。低賃金の仕事に就いた時に，住宅手当やカウンシル税給付が引き続き請求可能であることを多くの不就労世帯は知らないのである。同様の問題として，子供がいなくても勤労税額控除が請求可能なことや，比較的高所得でも児童税額控除が請求可能であることを人々が知らない場合がある。

25　Mirrlees［2011］pp. 132－137.

第3に，独立した様々なプログラムは請求者にとって煩わしく，政府にとっては行政上の問題をもたらす。人々は様々な申請をする必要があり，同じ情報を政府の様々な部署に提供しなければならない。給付の多くは労働年金省（Department for Work and Pensions）の管轄であるが，税額控除と児童手当は英国歳入税関庁（HM Revenue and Customs）が担当している。一方，住宅手当とカウンシル税給付は地方自治体により運営されている。

こうした問題に対して，政府機関は申請者の負担軽減を図ると共に広報に力を入れているが，それにはコストがかかり制度の複雑さを増大させている。多くの仕組みをできる限り単一の給付制度へ統合することが合理的なアプローチである。これは2003年に9つ以上あった給付に代えて児童税額控除を導入したときの実際のアプローチである。2003年以前の制度は，子供のいる世帯は（旧）児童税額控除及び勤労世帯税額控除の資格を有していた。さらに就業不能者への所得補助，国民基礎年金，子供に対する特別手当等のほとんど全ての給付を包含していた。政府の考えは，児童手当を除く子供関連の給付を単一のミーンズテスト・プログラムに代替することであった。

このようにして，第1子が生まれた時から末っ子が支援を必要としなくなる時まで，子供のいる大多数の世帯に対する支援として同じプログラムが提供される。非常に多くの世帯が資格を有するため，有資格者であることを容易に知ることができ，請求に対するスティグマがほとんどないであろう。さらに，単一のプログラムが広範囲をカバーするので，人々は環境が変化しても資格が継続していることを知ることができ，様々な形式で書類を埋める必要はなく，プログラム間で移動する行政上の問題もないのである。

マーリーズ・レビューは，このアプローチの優位性は明白であり子供関連の支援のみに適用される理由はないと述べている[26]。全てのミーンズテスト付き支援を単一の給付に統合すべきであり，なおミーンズテストなし支援にも適用できる。給付と税額控除の基本的な目的は高いニーズと低いリソースしか持た

26　Mirrlees［2011］p. 135.

ない世帯に対する支援であり，世帯のニーズを統合した単一の評価と，世帯のリソースに関する統合した単一の評価の両者を比較することである。

給付の統合が望ましいものであると考えるならば，現行制度は多くの特徴を共有している。最大の受給資格は基礎的な手当（所得補助，所得ベースの求職者手当，所得ベースの失業給付及び勤労税額控除に代替），及び追加の子供要素（児童税額控除の代替），高齢者（年金控除の代替），地方の住宅コスト（住宅手当とカウンシル税給付の代替），障害（既存プログラムの障害要素の代替）から構成される。既存のミーンズテストなし給付は統合させるか，分離したままにするかどちらかである。給付を統合することは，政府にとってコストの高低や勝敗の特定のパターンを意味しない。給付の統合は税制全体のデザインをより簡素に首尾一貫したものとし，さらに給付制度の目的達成のために旨くデザインされているかどうかの検証に有意である。給付の統合による最大のメリットは低所得層に対する実効税率のパターンを合理化することである。

ミーンズテストは合理的にデザインすることが可能であり，簡素で実用的な税率構造が達成されるだろう。給付を統合することで全ての複雑さを取り除くことは不可能である。統合された単一の給付は長く複雑な申請様式となるだろう。所得税申告書のように，ほとんどの部分は大多数の人々にとって無関係であり，なくすことが可能である。申請プロセスを的確にデザインすることはできるだけ簡素にすることである。給付の統合のケースは政策立案者とコメンテーターの間で影響力が増大し，多くの提案がなされた。2010年11月に，英国政府は就労年齢にある人々に対するミーンズテスト付き給付及び税額控除の全てを新たなユニバーサル・クレジットへ統合するプランを発表した。複雑な作業であるが試してみる価値は十分にあると，マーリーズ・レビューは強調している。

2　税と給付の統合

次に，税と給付の統合についてである。所得税と国民保険料の統合の提案は所得課税と給付を一つの税率表で扱うことである。これは低所得者に対する支援が還付税（負の所得税）を通して達成されることを意味する。税と給付の統合は，狭義には税の統合，又は給付の統合と類似している。英国において，所得税は個人の年間所得をベースにしているが，給付と税額控除は夫婦の合算所得に依拠しており，整合性の確保を困難にしている。

納税は個人の租税負担能力が反映され，給付は即時の必要性に適うことが意図される。給付は所得の高い時期があったとしても，一時的に困窮に陥った人々に対する支援である。給付資格を合算基準に基づいて評価することも有力であるが，高所得のパートナーのいる個人を支援することは政府にとって高くつくことも事実である。

個人単位のケースは，所得課税に関する基準としては明確さに乏しくトレード・オフがある。税制が結婚（又は同棲）に対して累進的であると同時に中立性を確保することは難しい。個人単位では，合算所得が等しい世帯に等しく課税することはできない。個人課税は給付制度と異なり結婚やパートナーシップの決定に対して中立を保証する。税額は婚姻状況や同棲に影響されないが，合算所得が等しい世帯に等しく課税することはできない。２人のパートナーが同じ所得の夫婦より不均等の所得の夫婦のほうがより高い課税に直面する。低い限界税率に直面する配偶者，特に資本所得があり零細企業を経営する人にとって重要である。個人課税と合算課税の間の選択は基本的には政治的な価値判断に依存する[27]。

マーリーズ・レビューは英国の税と給付制度に関して，所得税及び被雇用者の国民保険料と同様に雇用者の国民保険料も単一の税に統合すべきであり，給付と税額控除は統合すべきであるが，給付と所得税は分離すべきで，税と単一の給付制度との統合を急いではならない旨を指摘している[28]。

3　所得税と国民保険料の統合

最後に，所得税と国民保険料の統合である。英国における所得税と国民保険

27　Mirrlees［2011］pp. 137－139.

28　Mirrlees［2011］p. 146.

料は両者とも所得に対する課税である。両者の起源は異なるが，非常に類似しており，別々のシステムを維持するメリットはほとんどない。両者の併存は透明性を低下させると同時に，二つの制度をベースに所得を計算し記録を保持すること等の余分な負担を雇用者に課している。国民保険料は社会保障の財源として導入された時の状態で残っており，現在ではほとんど受益と負担の関連はない。国民保険料は他の所得形態（自営業者の所得の一部が適用対象）に適用されないので，労働所得をそうではない所得として偽装するインセンティブとなっている。所得税と国民保険料の統合は自営業者の労働所得と資本所得を完全にカバーするため，国民保険料の課税ベース拡大の良い機会となる。

こうした理由から，マーリーズ・レビューは所得税と国民保険料は統合すべきであると提案している。統合すれば，両者間の相違のほとんどが不合理で且つそれを払拭することが可能であり，税率を一律とするため雇用者の国民保険料と被雇用者の国民保険料及び所得税とを統合すべきである。所得税率表に国民保険料が含まれており，計算する必要もない。統合してシステムを簡素化することで運営コストとコンプライアンスコストを削減することが可能であり，システムの透明性を確保できる[29]。

歴代の英国政府は，保険料の拠出が給付の条件であるとする社会保険の拠出原則に固執し，所得税と国民保険料の統合に反対してきた。しかし，2000年代現在では拠出と給付資格の間のリンクは弱く，拠出は収入と共に上昇しメリットがあるとは言えない。

所得税と国民保険料の主な違いのひとつは，国民保険料は雇用者と被雇用者に対して課されることである。雇用者の拠出を完全に段階的に廃止し，それを所得税と被雇用者の国民保険料とを統合して，個人に課される単一の税金を形成すべきである。所得税と国民保険料の統合の実施は制度的にも政治的にも容易ではないが，実行すべきである旨を，マーリーズ・レビューは提案している。

29　Mirrlees［2011］p. 126－127.

第7章

労働所得税と“Tagging”

租税の本源的な機能は資源配分機能であるが，副次的機能として所得や富の格差を是正する所得再分配機能も担っている。累進税率等により所得再分配機能を強化すれば，就労インセンティブが低下する可能性がある。資源配分と所得再分配の機能の間には避けられないトレード・オフが発生する。

英国における給付付き税額控除制度は，租税と社会保障の仕組みを一体的に実施し貧困対策や就労インセンティブを高めることを狙いとしており，租税の資源配分と所得再分配の機能を同時に担っている。所得格差の是正や子供の貧困改善には効果が認められるが，就労インセンティブの促進に関しては期待されたほどではない。

Taggingは，個人や世帯をその特性により分類して，税及び社会保障制度の構築に資することを狙いとしている。世帯構成に応じた資格要件と給付水準を定めた給付付き税額控除もTaggingを伴っている[1]。給付付き税額控除はTaggingによる負の所得税と位置づけることができる[2]。マーリーズ・レビューは，労働所得税の改革において，トレード・オフが不可避である所得再分配と就労インセンティブの同時達成を提案している。このTaggingによる税デザインは就労インセンティブに対する人々の反応，世帯員の年齢による反応を利用する改革である。税・給付制度に対して最も反応する人々の就労ディスインセンティブを最小化することにより効率性の改善に資するものであり，マーリーズ・レ

1　所得以外の世帯構成，性別，年齢等の資格調査で把握した外形標準で，個人・世帯の特性に拠る分類（Tagging）に基づき給付資格の有無，課税・給付体系を決定することも可能である。佐藤主光［2011］77－78頁。

2　佐藤主光［2011］75頁。

ビューは学童のいる母親と退職年齢の人々に影響を与える税・給付制度への改革を勧告している。

こうしたことを踏まえ，まず，英国における雇用率と所得分配の状況を概観し，次に税・給付制度の再分配効果を考察する。しかる後に，Taggingの利用により経済成長政策と再分配政策の統合を目指したマーリーズ・レビューの提案を批判的に検討する[3]。

第1節　雇用率と所得分配

本節では，英国における雇用率と所得分配をフランス及び米国と比較しつつ概観する[4]。英国における雇用率は1978年のミード報告以降大きく変化したが，約30年間における男性の雇用率はほぼ全ての年齢で規則的に低下している。2008年の金融危機前の過去10年間で雇用率は僅かに上昇したものの，1970年代の男性の雇用率には及ばない。21歳までの若年層では，教育年数の増加が雇用率の低下をもたらしている。一方，65歳を超える男性の2007年の雇用率は1977年の雇用率に近づいている。

女性の場合には，22歳以下は別として，2007年の雇用率は1977年以降のどの時点よりも高くなっている。1970年代に歴然としていた20代及び30代前半の雇用率の低下は大幅に解消されている。女性の労働供給の増大は，出生率の低下，晩婚化，及び働く母親の割合が増大したことを反映している。男性の雇用率の低下は，年金受給年齢前に労働市場を離れる教育水準の低い低スキル労働者，及び高所得者の早期退職傾向を反映している。つまり，16歳以降の学校，及び大学教育の拡大が就職の平均年齢を引き上げ，労働者のスキルを増大させたのである。

3　日本財政学会第71回全国大会（2014年10月25日，中京大学）における報告「給付付き税額控除の現状と労働所得課税の改革―マーリーズ・レビュー提案の検討―」を加筆したものである。

4　Mirrlees［2011］pp. 48－55.

英国の雇用率をフランス及び米国と比べると，３ヵ国における男性の雇用率の差異は若年層と高齢層に集中している。この３ヵ国に共通する点は30歳から54歳までの男性の雇用率の安定性である。女性の雇用率には多少のバラツキがみられるものの，女性の就労年齢のピーク（30代と40代）は著しく類似している。特に，子供のいる女性にとって，働くかどうか（エクステンシブ・マージン）ではなく，どの程度の労働時間か（インテンシブ・マージン）ということが大きな問題である。世帯に幼児がいる場合に労働時間は減少する傾向にあるが，労働時間の減少は米国やフランスよりも英国において顕著である。子供のいる女性のエクステンシブ・マージンとインテンシブ・マージンに関する労働供給パターンは，概ね各国の税制の差異を反映している。両者は，英国における労働所得税の改革に大きな影響を与えるものである。

また，50代後半と60代の男女の労働供給に大きなバラツキがみられることが主な特徴である。多くの先進国において，労働市場の動きは高齢層で低下している。英国では，貧困層と富裕層は中間層よりも早期に離職する傾向にあり，概して貧困層は給付へ移行する傾向が強く，富裕層は早期に退職し年金所得等で生計を立てようとする。中間層は働き続ける傾向にある。英国における男性の早期退職傾向は，2008年の金融危機前では，幾分，逆であった。税と年金のインセンティブは，高齢層の雇用に対する主な決定要因であり，その重要性は長期的に継続することが予想される。

様々なグループの雇用率の変化は，基本的に所得分配の変化に伴い発生する。所得課税の合理性の一部分は税額控除や給付により，稼得能力の低い人々に対して再分配できるように高所得者から財源調達することにある。多くの先進国では，20世紀末に賃金の相対的な低下がみられた。この現象は，特に1980年代と1990年代に英国及び米国において深刻であった。英国における勤労税額控除のような“Make Work Pay”政策は，一部分，こうした傾向への措置として導入され，拡張されてきた。

さて，賃金分布の90分位と10分位の比率を用いて，先進国における賃金の不平等をみてみよう。英国と米国では下位よりも上位で賃金が際立って上昇してきた。所得分布をさらに詳しく考察すると，変化は一層劇的である。すなわち，95分位の所得は90分位の所得よりもかなり急速に増加し，99分位の所得はさらに急速に増加している[5]。この事実から，英国では2000年代において，所得分布の下位で追い上げているが，これは最低賃金制度の導入による賃金の引き上げによる。

このトレンドの重要なポイントは，税・給付制度の再分配に対する圧力の増大である。低賃金労働者がさらに下位へ落ち，相対的な貧困ライン以下に落ちる傾向が強まったことを意味する。平均所得に添って給付が増加するならば，低スキル労働者の賃金は，失業した場合に受け取る給付所得と比較してさらに不利になるだろう。これが就労インセンティブを弱め，“Make Work Pay”政策のための圧力となる。所得税改革の議論においては，低賃金のための税・給付制度のデザインに関する基本的な所得不平等の重要性を強調することになる。

所得不平等の要因を理解することは再分配政策を決定する場合に重要である。技能労働者に対する需要の変化，団体交渉の変化，グローバリゼーションの進展，及び教育の量や質，全てが所得不平等の要因である。それぞれの重要性，及び不平等のパターンは時の経過と共に変化する。例えば，1990年代半ば以降，最高所得層の労働所得の急激な増加は所得不平等の主な拡大要因となり，最高所得層の税率に対する政策的関心を惹起している。

英国における45％の最高税率はほぼ税収を最大化する税率であり，変更を要しないと，マーリーズ・レビューは述べている。これはトップインカムグループの厚生を無視しており，この階層の税率を下げればもっと就労が促進されるであろうことをM. フェルドシュタインは指摘している[6]。フェルドシュタイン教授が“quite amazing”と述べているように，マーリーズ・レビューは労働所得税改革において，給付と労働所得税制の一体化を強調するあまり，最高所

5　ミード報告以降，英国では資産の集中が進んでいる。賃金の配分も重要であるが，不平等の源泉である遺産の役割についても見直されるべきであると，A. B. アトキンソンは指摘している。Atkinson［2012］p. 777.

6　Feldstein［2012］p. 783.

得層の厚生に言及しておらず，最高所得層に対する就労インセンティブも論じるべきであった。

英国と米国において中程度の職業スキルに対する労働需要の低下が実証されている。情報処理技術の向上は，清掃業のような伝統的な低賃金で非技能的サービス業よりもむしろ，銀行員のような数的知識を要する仕事に取って代わる傾向にある。所得分布に対する外圧の全てが税・給付制度に負担をかけている。制度改革のいかなる議論もこれらの不平等のトレンドに留意する必要がある。

第2節　税・給付の再分配効果

図7－1及び図7－2から，英国における税・給付制度の所得再分配効果，そして給付及び税額控除や直接税，間接税等の諸要素の所得分配に与える効果をみてみよう[7]。

まず，図7－1に示されているように，第1分位の可処分所得のほぼ40％は，税・給付制度によって賄われている。この比率は第2から4分位で低下しているが，第5分位は給付を受けるより僅かに納税している。第6分位以降では純貢献度が急上昇し，第10分位の最高所得層は可処分所得の60％以上を納税している。このように，英国では税・給付制度によって高所得世帯から低所得世帯へかなりの再分配がなされている。

7　Mirrlees［2011］pp. 79－82.

図7－1　英国における税・給付制度の所得分配効果（2009年度）

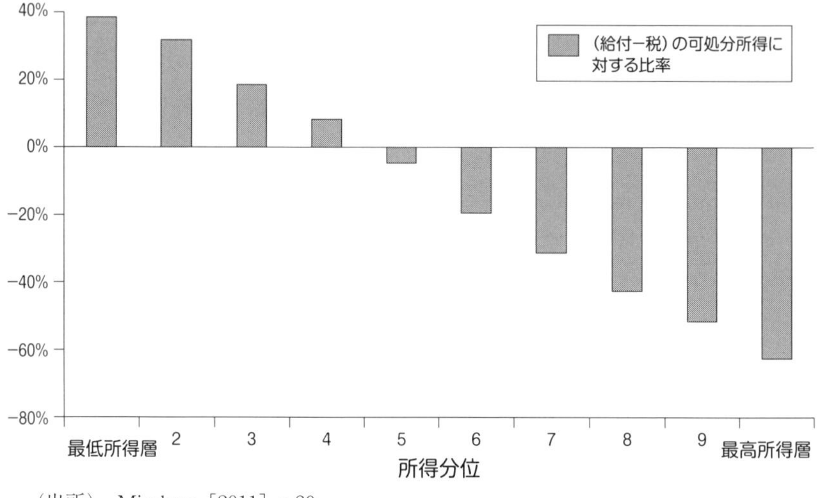

（出所） Mirrlees［2011］p.80.

次に，図7－2は税・給付制度の様々な要素が所得再分配に対する貢献度を示したものである。最低所得世帯の可処分所得の85％は給付と税額控除によって賄われており，給付・税額控除は最低所得世帯にとって極めて重要である。逆に言えば，直接税の個人課税は分配の分位が上がるにつれ重要性が増大している。最も所得の高い第10分位の世帯が納税する所得税，国民保険料及びカウンシル税はこの階層の可処分所得の半分以上を占めている。給付制度が最低所得層に対する再分配に大きく寄与しているのは明白であり，直接税と給付制度は明らかに再分配に貢献しているが，これは制度全体にとって再分配の面で負担であると言えよう。

最低所得層の可処分所得に占める間接税（VATと個別消費税）の割合は最高所得層よりも高いため，間接税は逆進的である。低所得の家計では一般的に所得の大きな割合を消費するため，所得水準が低いほど消費性向が高い傾向にある。英国では，食料品や家庭用燃料のような生活必需品のほとんどが，VATはゼロ税率又は軽減税率が適用されるため，VAT込みの消費財の家計総支出に占める割合は低くなる。生涯所得と生涯支出が等しければ，低所得家計

図7－2　英国の税と給付制度の様々な要素の所得分配効果（2009年度）

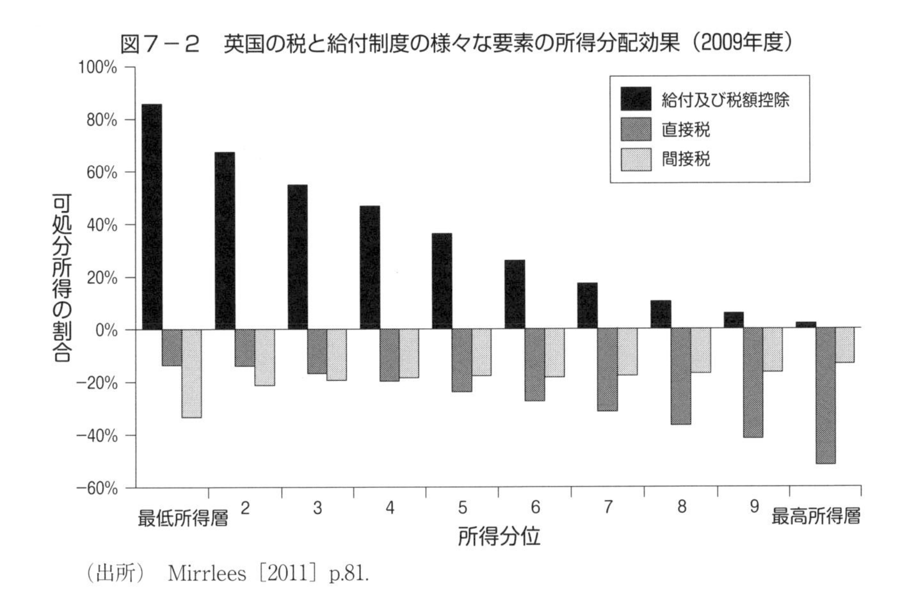

（出所）　Mirrlees［2011］p.81.

にとってVATの生涯所得に対する比率は低くなり，累進的となる。

税制を構築する際に，人々の生涯の経済行動を考慮することが重要である。所得分配の状況や異なるライフステージで様々な人口統計学的特徴を見出すことができる。税・給付制度に基づき実施される再分配は，個人間よりもむしろライフサイクルを通しての再分配と考えられる。

労働所得税改革の目的は直接税と給付が税制全体として再分配に資することである。税率や給付水準を変えることにより，再分配を変化させることは容易であるが，就労インセンティブは低下し，税・給付制度がコストを負うことになる。再分配の達成度と就労インセンティブに対する税制のインパクトとの間でトレード・オフが生じる。さらに，マーリーズ・レビューは，主に直接税と給付の就労インセンティブ効果に焦点を置いているが，少子高齢化が進展し，労働力人口が減少する国民経済において効率と公平を同時に達成する制度構築が要請されている。

第3節　Taggingの利用

所得税制と給付制度は，累進性の面で首尾一貫する必要があるが，所得分布に関する情報，及び就労インセンティブに対する反応を斟酌してデザインすべき旨を，マーリーズ・レビューは指摘している。そして，就労インセンティブに対する人々の反応の中でも，とりわけ世帯員の年齢による反応の変化を利用する改革を重視している。人々が就労インセンティブに最も反応する時期に強い就労インセンティブに直面するよう，ライフサイクルを通じて所得再分配を実施することが望ましい改革であるとしている。効果的な就労インセンティブをターゲットにすることは，全体としての厚生を改善し雇用率の大幅増をもたらすことが期待できる。

英国における税・給付制度はかなり複雑であり，労働回避や過少労働に対する誘因となっている。マーリーズ・レビューの改革案は簡素で合理的な制度を構築し，就労ディスインセンティブを最小化することであるが，この提案は国民経済に大きな利益をもたらす可能性を持っている[8]。

税務当局が個人の潜在的な稼得能力やニーズを直接に把握できるならば，税デザインはかなり容易である。しかし，現実には，稼得能力やニーズといった尺度は利用可能ではない。実際の能力や稼得力を見積る際に，一般的に所得や支出が用いられるが，一方では世帯の人数や年齢等の特性がニーズの推計に用いられている。これが公平と効率のトレード・オフをもたらす。所得税率が高ければ，人々は労働の削減を選択するだろう。マーリーズ・レビューは所得のみの情報を用いるよりも，それ以外の多くの情報を利用することで，人々の経済行動の歪みを減少させ，望ましい所得再分配が実現すると指摘している。

所得以外の情報の利用は，就労インセンティブと所得再分配とのトレード・オフを緩和することができる。これがTagging（個人・世帯の特性による分

8　Mirrlees［2011］pp. 481－484.

類）によるアプローチである。

多くの国々において，障害者に対する追加的支援にTaggingが用いられている。障害は，一般的に低い稼得能力と高いニーズに関する適切な指標である。税・給付は，全ての差別化がTaggingの原則と必ずしも一致するわけではないが，多くの人口統計学上の特性により変化する[9]。

第4節　ライフサイクルと就労インセンティブ

マーリーズ・レビューは，人々の能力やニーズ，課税に対する反応を示すTaggingのアプローチを用い，個人の特性により税率構造を変化させることによって，所得再分配が効果的に達成される旨を指摘し，アドバンテージと僅かのディスアドバンテージを有する特定グループに対してデザインされた事例を考察している。家族の年齢に関する情報に基づいているが，特に学童のいる世帯と退職年齢の人々に対して，低い実効税率を適用するのである。労働供給はライフサイクルの特定時点で大きく反応するため，当該時点で実効税率を引き下げる強力なツールになる旨を指摘している。

英国等ではこれらの特性に従って税・給付制度を変えているが，プライバシーや不当な差別といった新たな問題が若干発生している。税・給付制度は家族の年齢に依存するが，人々の反応に関する望ましい方法で実施されているわけではない。そこで，マーリーズ・レビューは税制全体の累進性を損なうことなく，労働供給を増加させる改革が必要であると指摘している。ライフサイクルにおける特定の時点をターゲットとすることは，既存の再分配効果が，家族間よりも，家族のライフサイクルにわたる所得をシフトするものとして考えることを意味する[10]。

9　Mirrlees［2011］p. 69.
10　Mirrlees［2011］p. 111.

1　学童のいる母親への児童税額控除

働くかどうか，どの程度働くかに関する母親の意思決定は５歳未満の子供を持つ母親よりも学童のいる母親のほうが就労インセンティブへの反応が大きい。税・給付制度に反応する人々の就労インセンティブを強化すべきである。所得再分配が就労インセンティブに与えるダメージは，反応の大きいグループよりも反応の乏しいグループに関して重要性が低いため，マーリーズ・レビューは，反応の乏しい貧困層に対して，富裕層から所得移転することが望ましいとしている[11]。様々な年齢の子供を持つ母親の反応を反映した税制を構築する簡素な方法は，５歳未満の子供のいる世帯へ児童税額控除を寛大にし，５歳以上の子供のいる世帯に対してはやや厳しくすることである。

英国における2009年度の税収中立の改革は，５歳未満の子供のいる世帯に対する児童税額控除の子供要素を2,235ポンドから3,100ポンドへと増額する一方で，５歳以上の子供のいる世帯に対する子供要素を1,550ポンドへ引き下げた。５歳以上の子供のいる世帯の平均的な就労インセンティブはやや強いため，この改革で格差が拡大する可能性がある。５歳以上の子供がいる母親にとってこの改革は，約１％だけ平均参入税率を低下させ，さらに同率の平均限界税率を低下させて，５歳未満の子供のいる母親の就労インセンティブを弱めることになるだろう。彼女らの平均参入税率は１％，及び平均限界税率は1.5％だけ上昇するだろう。

しかし，このグループの就労インセンティブは５歳以上の子供のいる親たちの強い就労インセンティブほどは反応しないと，マーリーズ・レビューは予測している。また，2006年度において，５歳以上の子供のいる72,000人の母親が仕事に就き，その一方で，５歳未満の子供のいる21,000人の母親が仕事を辞め

11　失業者に対しては，給付を行うこととする。ただし，給付が手厚すぎると，就労意欲低下につながる可能性があることから，合わせて就業可能な失業者をターゲットとした労働市場政策が不可欠である。結果として，労働支援政策は，就業者への支援・誘因づけとしての給付付き税額控除を補完する役割を果たすだろう。佐藤主光［2011］101頁。

表7－1　母親の労働供給の増減（2006年度）

	労働人口の増減	合　計
5歳以上の子供の母親	72,000人（＋）	51,000人 （総労働人口の0.2%）
5歳未満の子供の母親	21,000人（－）	

（出所） Mirrlees［2011］p. 112. より作成。

るだろうと見積っている。母親の労働供給は51,000人の増加を意味するが，これは総労働人口の0.2%に相当する。

政策立案者は，所得再分配効果に関心を持っているため，改革が就労インセンティブに及ぼす効果を大きなものと見做すだろう。この改革によれば，5歳以上の子供のいる母親から5歳未満の子供のいる母親へ所得移転が生じるのは明らかである。5歳以上の子供のいる母親のグループから5歳未満の子供のいる母親のグループへ年当たり約15億ポンド移転するが，これはライフサイクルを通じる大きな所得再分配である。5歳未満時の世帯便益は5歳以上になった時の逸失便益によって一般的に相殺される。所得再分配は，単に一定額の支援がなされる場合よりも若干に複雑になる。子供が5歳以上の時に税額控除の資格を与えられた世帯は過度に所得を得るかもしれない。婚姻状況の変化や子供の年齢により効果は変わるが，多くの世帯にとって支援を初期に受けることが有効である[12]。

2　退職年齢の選択

通常の退職年齢である55歳から70歳の退職時において，働くかどうか，どの程度働くかに関する人々の意思決定は金銭的なインセンティブに大きく反応する。そのため，30代，40代及び50代前半の人々よりも，退職年齢時において強い就労インセンティブを維持することが重要である。

マーリーズ・レビューがデザインする改革では，変化のコンビネーションは平均して55～70歳にとっては利益となり，55歳未満で負担増となるが，そのパ

12　Mirrlees［2011］pp. 111－115.

ターンは所得水準に大きく依存する。55～70歳の税率表は低所得者にとって損失となり，累進度が低下することにより高所得者にとって利益となる。その一方で，55歳未満の税率表は低所得の非就業者にとって利益となり，高所得者にとって損失となることでより累進的となる。

55～70歳に対する税と給付表の累進性の低下が55歳未満の累進性の上昇に反映されるため，税制全体としての累進度にほとんど変化はないが，この改革は疑いもなく，世帯のライフサイクルの各時点における税・給付制度に大きな影響をもたらす。すなわち，半数以上の世帯が週当たり５ポンド以上の利益又は損失となる。多くの人々にとって55歳未満の時に失う（又は得る）ものを，55～70歳の時に得る（又は失う）であろう。所得再分配はグループ間でより，むしろライフサイクルに亘って行われる。ライフサイクルの所与の時点で多額の利益を得るか又は損失を被る多くの人々は，長期的な所得再分配のインパクトを誇張する。

マーリーズ・レビューの概算（2006年度）によれば，この改革は157,000人の雇用の純増（総労働人口の0.6％）をもたらす。現実には，このような大規模なシフトが直ちに起こるわけではないが，55～70歳で535,000人以上の雇用増，55歳未満で378,000人の雇用減となり均衡する。総所得（雇用者の国民保険料を含む）は19億ポンド，つまり0.3％増加するだろう。実際には，家計の購買力は25億ポンド増加するだろう。その結果，財務省は７億ポンドの税収減となる。実効税率は55歳未満の人々よりも55～70歳の人々のほうが低いからである。

こうした改革には，簡素性の低下はなく，既存の税・給付制度の枠内における税率とブラケット数（thresholds）で実施されよう。この改革が困難ならば，

表７－２　労働人口の増減（2006年度）

	労働人口の増減	合　計
55～70歳	535,000人以上（＋）	157,000人 （総労働人口の0.6％）
55歳未満	378,000人　（－）	

（出所） Mirrlees［2011］p. 119. より作成。

55歳以上の人々に対する勤労税額控除を寛大にするような代替案が直ちに考案される[13]。マーリーズ・レビューは，税収と再分配の水準を所与として，税収中立的な改革を論じているが，総コストに関しては言及していない[14]。しかし膨大な分析に基づき体系的な税制勧告をする場合，再分配水準や税収額は所与として論じざるを得ないと思われる。なお，再分配コストの増大，及び再分配予算の削減による財政的便益等に関して論じるべきであるとの，フェルドシュタイン教授の指摘は妥当である。

第5節　Tagging利用の限界

Taggingの利用には大きな限界が存在する。まず，第1に，簡素性の低下である。税・給付がその特性に依存するほど，その制度の透明性や包括性は失われ，実施する際の税務行政費や納税協力費は高くなる。

第2に，プライバシーの侵害である。所得再分配に関する有益な情報はプライバシーの不当な侵害となる可能性を考慮しなければならず，また政府がそのような情報を信用できないと考えることもある。ストアーカードからDNA鑑定まで，このような懸念は技術進歩につれ増大するが，潜在的に利用される範囲は拡大している。

第3に，Tag獲得へのインセンティブである。何らかの特性を持つ人々に対する所得再分配の実施は，それを獲得し維持するインセンティブを与える。高所得者から低所得者への所得移転は，低所得者に現状維持を促すと思われる。Taggingは単純にこの問題を除去するものではなく，むしろ，低所得者が代わりにどんなTagを利用できるかというインセンティブに取って代わるものである。どの程度，こうしたインセンティブに対して反応するかといった可能性は，Tagの性格に依存する。すなわち，年齢のインセンティブに反応するのは

13　Mirrlees［2011］pp. 115－119.

14　マーリーズ・レビューの意図はライフサイクルの基準時点における就労インセンティブを確保する潜在的な優位性のデザインである。Feldstein［2012］p. 782.

困難であろうが，子供を持つインセンティブに反応するかもしれない。現在より重度の障害を負おうとはしないだろうが，現状よりも健康状態を悪く装うかも知れない。他の条件が等しければ，このような行動の歪みは望ましくなく，所得課税により生ずる就労ディスインセンティブとバランスをとる必要がある。

第4に，水平的公平である。特定の特性に基づいて個人間を区別することは，単純に不公平と考えるケースもあるだろう。障害者に対する所得移転に異存はない。一方で，少数派は貧困の妥当な指標であるが，英国政府が黒人給付を導入する見込みはほとんどない。例えば，身長は所得の良い予測因子であるが，所得課税の歪みを低減する身長別課税の導入が提唱されることはないだろう。一般的に許容されるか否かを区別する明確な基準はなく，恣意的になるだろう。公平性に関連する文献は多数あり，様々な角度から公平に関して論じられている。公平性は政治的な議論の中枢にあり，この問題に明確な結論を出すことは難しい。

マーリーズ・レビューは，差別的な課税固有の哲学的複雑さや価値判断を避け，既に政府が利用している納税義務や給付資格を決定する家族構成や子供の年齢のような特性に限定している[15]。

なお，給付付き税額控除をTaggingによる多元的負の所得税と位置づける佐藤主光教授は，負の所得税は所得以外に要件を設けない普遍給付であり，それに対しTaggingを伴う給付を限定給付としており，限定給付のメリットは対象を絞った再分配に資するが，デメリットとして，資格なしと判断され給付から除外されることや，資格を有していないにも関わらず給付が認められる可能性もあり，その対象を見誤るリスクがある[16]。

所得税制及び給付制度は公平性を損なうことなく，効率性を高める必要がある。Taggingは障害者福祉等の給付制度，すなわち歳出面での利用は実施されている。マーリーズ・レビューは，歳出面を含むシステム全体での累進性の確保を改革理念として上げており，歳出面におけるTaggingの利用は良い税制の

15 Mirrlees［2011］pp. 69－71.
16 佐藤主光［2011］79頁。

要件に合致する。

学童のいる母親や退職年齢の人々に対するTaggingの利用は，就労インセンティブ強化による税収の増加を伴い，歳入面におけるTagging利用の拡大と捉えることができる。就労促進によって厚生損失を縮小させることにより，効率性が改善され，さらに効果的な所得再分配にも資する。人々の生涯を通じて就労インセンティブと累進性を確保する旨の改革により公平と効率の同時達成が可能である。

潜在的にTaggingの利用には，複雑さやプライバシー，タグ獲得のインセンティブ，水平的公平に関する問題があるが，このような限界を考慮したとしても，Taggingを利用する旨のマーリーズ・レビューの改革案は労働所得税をデザインする際の目標である厚生損失を縮小させるであろう。就労インセンティブが最も効果的なグループをターゲットにすることで，労働力が減少する社会において女性や高齢者の就労インセンティブの促進に有効である。Taggingによる税デザインは既存制度の枠内で実行可能であり，制度に対するフィージビリティーの観点からも評価に値する。

結　び

英国のシンクタンクIFS（Institute for Fiscal Studies）は，英国税制を，1978年のミード報告から約30年以上が経過した21世紀の今日なお一貫性のない断片的な制度であると見做し，経済社会の変化に対応した抜本的な税制改革の必要性に鑑み，斬新な税制改革案であるマーリーズ・レビューを公刊した。マーリーズ・レビューは，21世紀の開放経済に相応しい英国税制の特徴を検証し，望ましい税制構築のための改革案を提示している。

本書は，個人所得税，法人所得税，付加価値税（VAT），資産税等に関する多岐に亘る「マーリーズ・レビュー提案」を高く評価し，租税の果たすべき機能や租税原則の観点から，とりわけ重要である個人所得税，特に労働所得税に焦点を当て批判的に考察したものである。以下，マーリーズ・レビューを中心として，租税の機能と租税原則，租税システムと租税原則，財政システムと租税原則，労働所得税の最適性，資本所得税の是非，税制と給付制度の一体化，統合家族支援，Taggingの利用，日本税制の在り方等について論じる。本書における提案は以下の５つに集約される。

第１に，租税の機能及び租税原則と税財政システムについてである。財政とは政府の経済活動のことであり，収入面の根幹をなす租税は財政の部分集合である。財政の機能は，資源配分，所得再分配，経済安定化の三機能に集約されるが，それぞれの機能の一翼を収入面から担うのが租税である。現実の税制を租税の在るべき機能に近づける橋渡しの原則が租税原則である。租税原則はドイツ系財政学において体系化されたが，各国における現実の税制改革の基本原則は，公平，中立（効率），簡素に収斂している。

マーリーズ・レビューは，この三原則に環境を加え税制改革の依るべき基本原則としているが，租税原則の達成は租税システム全体，さらに財政システム全体の中で考慮されるべきである旨を勧告している。特にトレード・オフの関係にある課税の公平性と中立性について，個々の租税システムにおいて考えるべきではないということである。マーリーズ・レビュー提案の核心は累進的で中立的な税制の構築である。例えば，所得税は財源調達に優れ且つ垂直的公平の確保に適しており，VATは逆進的であるとの批判もあるが，水平的公平の確保に優れると共に，財の選択に関して中立であり効率的な資源配分に資する。所得税とVATの仕組みを個々に構築するのではなく，両者の優れた点を生かすように，租税システム全体において公平性と中立性を考慮すべきである。

さらに，課税の公平性に関して，租税システムのみで考えるのではなく，社会保障給付も含めた財政システム全体で考慮すべき旨をマーリーズ・レビューは提案している。すなわち，税制及び給付制度を一体として，公平性を確保すべきであるということである。望ましい税制は個々の税制が経済成長に資すること，及び給付を含む財政システム全体における公平性の確保が重要である。このように，マーリーズ・レビューは経済成長政策と再分配政策に関して革新的な勧告をしており，税制と社会保障制度を構築する際に極めて示唆に富むものである。

第2に，労働所得税の最適性についてである。最適課税論は，資源配分の効率性や所得分配の公平性の観点を考慮して望ましい課税のあり方を模索する議論である。課税における最適性とは，超過負担，いわゆる厚生損失の発生を最小限に止め，所得再分配を考慮して社会的厚生を最大化することである。累進的所得税の最適な限界税率は労働供給の弾力性，再分配に対する社会的価値判断，及び所得格差の程度に依存する。労働所得税は代替効果により労働供給を減少させ効率性を低下させるが，累進所得税による所得再分配が社会的厚生を高めるというプラス面と比較考量されなければならない。両者のバランスの中で最適な限界税率が決まる。しかし，最適課税論には限界があり，効率性と公平性とのトレード・オフを考慮することは容易ではなく，また税務行政費との関連も単純ではない。なお，低所得層に対する給付と課税についても労働インセンティブを重視したシステムが望まれる。

第3に，資本所得は労働所得から派生するため，労働所得税を論じる場合，資本所得税の考察は不可避である。資本所得は資源配分の観点から非課税にすべきとの議論もあるが，高所得者ほど資本の保有水準が高く，また資本所得は担税力もあり，公平性の点から非課税という選択は非現実的である。マーリーズ・レビューは資本所得を課税ベースに含めるべきであるとし，さらに現在消費と将来消費を中立的とすることや，様々な資本間の歪みを減らすことを主張している。各国における資本所得に対する取り扱いは，それぞれの経済社会の状況を反映しており，いずれの形態が望ましいか一概には言えない。

一方，包括的所得税論では，担税力の指標として経済資源を利用し得る経済力に着目し課税年度における経済力の増加に寄与する全ての種類の所得を合算した上で総合課税を行うことが望ましいとするが，包括的所得税の下では未実現キャピタルゲインなどへの課税は困難が伴うであろう。

なお，二元的所得税論は，労働よりも資本の方が流動的であることを前提として，労働所得に累進税率を適用し，弾力性の高い資本所得に対しては労働所得の最低税率と同率により分離課税すると言うものである。二元的所得税は北欧諸国で採用されているが，投資に対する中立性や分配上の問題等がある。資本所得を分離し個人所得税の最低税率を課す場合，資本所得優遇との批判もあるが，二重課税の回避や効率性の観点からは妥当である。

第4に，労働所得税と給付の統合についてである。給付付き税額控除は欧米諸国で導入されているが，その背景として就労インセンティブの確保や所得控除拡大による課税ベースの侵食を食い止めること，及び所得格差問題の深刻化のため，税制と社会保障制度を一体化させることにより所得再分配機能を強化することがあげられる。家計の財・サービスの選択を歪めないという点で給付付き税額控除は中立的であり，所得捕捉を適切に行った上で真に必要とする者に恩恵を与えることで効果的な再分配を行うことができる。給付付き税額控除制度には，オランダにおける所得控除の縮小とセットで導入された税収中立型，そして，英国における既存の社会保障費もあわせて整理統合した財政中立型等がある。日本における導入に際しては，基礎控除，配偶者控除，給与所得控除等の所得控除の縮小（税収中立）とセットにし，さらに既存の社会保障給付措置の見直し（財政中立）とのセットで行うことを原則とすべきである。

第5に，労働所得税と給付の統合を考える場合，低所得者の就労インセンティブに影響を与える税・給付制度を労働参加税率と限界実効税率の概念を踏まえる必要がある。労働参加税率と限界実効税率は，所得水準や住宅保有の有無，家族形態等により変化する。マーリーズ・レビューは，家計に影響を与える税・給付制度を経済学的観点から考察し税制と給付制度のデザインに関する研究成果を取り入れるべき旨を提案している。なお，統合家族支援は低所得層に対してより強い就労インセンティブを与えることができると指摘している。さらに，統合家族支援は給付付き税額控除制度における就労インセンティブ問題，及び制度の複雑さから生じる不正受給問題の解決に向けて有効な手段であると言える。

このように，マーリーズ・レビューは給付を含む財政システム全体での累進性の確保を改革理念として上げており，既に英国で実施されている歳出面におけるTaggingの利用は望ましい税制の要件に合致する。学童のいる母親や退職年齢の人々に対するTaggingの利用は，就労インセンティブ強化による税収の増加を伴い，歳入面における利用の拡大と捉えることができる。就労促進による厚生損失の縮小，すなわち，効率性が改善され，さらに効果的な所得再分配にも資する。つまり，就労インセンティブと累進性を確保する旨の改革により，公平性と効率性の同時達成が可能である。Taggingの利用には，問題点も指摘されるが，それらを考慮したとしても，マーリーズ・レビューの改革案は労働所得税をデザインする際の目標である厚生損失の縮小に資するであろう。

就労インセンティブが最も効果的なグループをターゲットにすることで，労働力が減少する社会において，女性や高齢者の就労インセンティブの促進に有効である。Taggingによる税デザインは現行制度の枠内で実行可能であり，制度に対するフィージビリティーの観点からも評価に値する。マーリーズ・レビューは，経済成長政策と再分配政策の統合に関して革新的な内容を提案している。英国における経済社会の構造は急速に変化しており，労働所得税制の改革は喫緊の課題である。急速に進展する少子高齢化による労働力不足は経済成長を低下させる要因であり，今後，社会保障関係費は増加の一途をたどることは自明である。女性と高齢者の就労インセンティブを重視するマーリーズ・レビューの提案は示唆に富むものであり，また，所得格差の拡大傾向を踏まえ，低所得層対策も急務である。

要するに，労働所得税の改革に関して，マーリーズ・レビューはトレード・オフ関係にある所得再分配と就労インセンティブの同時達成を提案している。さらに，租税システム全体の累進性を損なうことなく，労働供給を増加させる改革が必要である旨を指摘している。

さて，最後にマーリーズ・レビュー提案から日本税制を考えてみよう。2010年代半ば現在，所得税，法人税，消費税（VAT）の３税で国税収入の約８割を占めている。1990年代以降の長期に亘る国民経済の低迷が継続しているが，その一端は租税制度に帰することができる。経済社会の変化と税制のミスマッチである。租税の本源的機能である財源調達（資源配分）機能が棄損していることは，膨大な公債残高から明白である。

まず，個人所得税，特に労働所得税のあり方について考察しよう。社会保障等の旺盛な財政需要を賄うための基幹税として所得課税と消費課税のタックス・ミックスが不可避であると言える。個人所得税，特に労働所得税は累進税率による垂直的公平の確保，及び財源調達機能に優れているが，一方，これまで論じてきたように労働所得税は労働（所得）と余暇の間に代替効果を発生させ，高すぎる限界税率は労働供給に対してディスインセンティブに働く可能性がある。現行の所得税制は所得控除，税額控除，税率，課税単位等について再構築を要する。

国民経済の成長率は，労働，資本，技術などの賦存量に依存するが，少子高齢化が急速に進展する中で特に労働力の供給と所得再分配について考慮する必要がある。労働意欲や自助努力，女性の労働力の活用，高齢者の労働参加などにインセンティブを与える所得税制である。所得控除は数多く設定されているが，累進税率の下では低所得者より高所得者の税負担額をより多く軽減するため，所得再分配効果は不十分であり，高水準にある所得控除を圧縮して税額控除を実施すべきである。労働インセンティブの観点からも税額控除に優位性がある。

所得控除から税額控除への移行は世界的潮流である。様々な所得控除のうちどれを税額控除に切り替えるべきかを検討すべきであろう。給与所得控除はやや過大であり，既に縮小することが決まっている。2016年と2017年に既に縮小されたが，2020年にさらに縮小する。これは正しい方向だと言えるが，勤労税額控除へ切り替えることがより根本的な税制改革となろう。公的年金等控除も大きい。これらを税額控除に切り替えることのメリットは明確ではなく，全ての所得控除を税額控除に切り替えるべきだとは言えないであろう。

所得の最も低い階層に関しては所得移転を適用とすべきだと，マーリーズ・レビューは提案している。これは概ね当を得ていると言えるが，給付を設定しないで一定額の税額控除を適用し所得税から控除できない場合には関与せず，給付の付かない税額控除でも所得控除が惹起する問題をかなり解決できよう。就労しているが労働時間の短い個人，あるいは未就労者の就労促進のためには，給付付きが望ましいが，給付の程度は簡単には決定できない。また，給付を与えるのは行政上煩雑であるという問題もある。

そして，租税と社会保障給付を一体化した給付付き税額控除制度の導入により，効果的な所得再分配政策を推進し，人々の労働意欲や自助努力を促すことが可能となる。欧米諸国では，低所得者の貧困・就労対策，子育て支援，消費税の逆進性の緩和などを目的とした給付付き税額控除制度が導入されている。英国では，給付付き税額控除により子供の貧困問題等に大きな成果を上げている。日本もこの方向に踏み出すべきであるが，給付付き税額控除制度の構築を性急に進めるべきではない。10数種類もある所得控除を整理，縮小しつつ，税額控除を拡大する方向で推し進め，所期の狙いとする給付付き税額控除制度の導入を検討すべきである。日本では，まず配偶者控除等を廃止し，定額の給付無し税額控除を導入すべきである。低所得で労働時間の短い階層の労働参加税率を引き下げ，労働インセンティブを強化する方が望ましいであろう。それに，マーリーズ・レビュー提案の統合家族支援を基にした英国のユニバーサル・クレジットのような制度の導入が望まれる。

なお，個人所得税の課題のひとつは税率構造の是正であるが，明確で且つ簡素にすべきである。そして，消費税率の引き上げ等と並行して，所得税の最高税率を引き上げ，毀損されている所得税の再分配機能を強化する必要がある[1]。2020年現在，所得税の最高税率は45％で，住民税を含めると55％であるが，マーリーズ・レビューは40％を最適としている。これは英国の所得が最も高い階層から収納する税収を最大化するという考え方からである。これを参考にして日本における望ましい最高税率を考える必要がある。

さらに，課税単位についても課題がある。子供の多い世帯ほど所得税が軽減されるN分N乗方式の導入は少子化に歯止めをかける所得税改革である。日本の現行所得税制度は個人単位課税であり，夫婦共稼ぎの場合，それぞれが課税対象となる。世帯単位課税のN分N乗方式では，課税所得は家族の人数で割ることで決まるため，子供が多い世帯ほどより低い税率が適用され，税額が少なくなる仕組みである。複数世代の同居を促進するため，子供や高齢者を抱える世帯の負担軽減を通じて，少子化及び高齢化対策に有効であると言える。税制は個人の生き方に対して中立的であるべきことや，高額所得者で子供の数が多いほど税制上の利益が大きくなるということもあるが，少子化対策を最優先の課題と考えればN分N乗方式の導入は検討に値すると考える。

次に，法人税であるが，企業の国際競争力の強化や投資を呼び込む等の狙いから，各国において法人の税負担の引き下げが実施されてきている。日本においては，国税の法人税の税率を引き下げると共に，道府県税の法人事業税について外形標準課税をさらに拡大する必要がある。マーリーズ・レビューは，法

1　石山嘉英［2016］石山嘉英教授は，「高所得者への課税強化は所得分配の不平等を減らし，消費性向を高める切り札になり，経済成長に資する」旨を述べている。103頁。

人税の実効税率が企業の立地に影響を及ぼし，表面税率が多国籍企業の利益留保地に影響を与えると分析している。また，法人は個人の擬制であるとの観点から法人所得に対する課税は二重課税であるとの議論もある。したがって，日本における法人税は国税の基幹税のひとつとしつつも，現在以上の税収割合を期待することは難しいと思われる。

消費税（一般消費税，VAT）は，財源調達機能に極めて優れており，少子高齢化社会における社会保障財源を賄う税に適している。一般消費税は消費者の財の選択に関して超過負担（代替効果）がなく中立的であり，経済成長に資する税である。軽減税率が2019年10月から導入されたが，標準税率はEU諸国の約２分の１であり導入時期だとは思えない。それに軽減税率導入の逆進性緩和は限定的であり，消費者の財の選択を歪めるため資源配分上望ましくなく，税収減につながり財源調達機能を毀損する。さらに，軽減税率は納税協力費と税務行政費を上昇させ，簡素性の観点からも望ましくない。消費税は税負担の逆進性が欠陥として挙げられるが，水平的公平の確保に優れ，また世代間の公平にも資する。マーリーズ・レビューが提案するように，逆進性に関しては，所得課税や資産課税を含む税システム全体，さらに歳出（給付）も考慮した財政システム全体で考えるべきである。

以上，少子高齢化による人口減少，経済活動のグローバル化，公債の累増，所得格差の拡大等といった経済社会の状況において，今後の日本税制は如何にあるべきかを考察した。具体的には，経済のグローバル化を踏まえた法人実効税率の引き下げ，財源調達に優れた消費税の充実，租税の三機能に最も適う個人所得税の改革である。特に，個人所得税における給付付き税額控除制度の導入を提案するものである。マーリーズ・レビューが提案するように財政システム全体における公平，中立，簡素に適った日本税制の構築である。

参考文献

Aldred, J. [2012] "Tax by Design : The Mirrlees Review (OUP, 2011)", *New Political Economy*, Vol. 17, No. 2, pp. 231－238.

Atkinson, A. B. and Stiglitz, J. E. [1976] "The Design of Tax Structure : Direct Versus Indirect Taxation" *Journal of Public Economics*, Vol. 6, pp. 63－66.

Atkinson, A. B. [2012] "The Mirrlees Review and the State of Public Economics", *Journal of Economic Literature*, Vol. 50, No. 3, pp. 770－780.

Atkinson, A. B. [2015] *INEQUALITY : What Can Be Done?*（山形浩生／森本正史訳[2015]『21世紀の不平等』東洋経済新報社）。

Auerbach, A. J. [2012] "The Mirrlees Review : A U. S. Perspective", *National Tax Journal*, Vol. 65, No. 3, pp. 685－708.

Boadway, R. [2012] *From Optimal Tax Theory to Tax Policy : Retrospective and Prospective Views*, MIT Press.

Boadway, R., Edgar, T., Li, J. and Macnaughton, A [2015] "Current Tax Reading" *Canadian Tax Journal*, Vol. 63, No. 2, pp. 603－626.

Chamley, C. [1986] "Optimal Taxation of Capital Income in General Equilibrium with Infinite Lives" *Econometrica*, Vol. 54, No. 3, pp. 607－622.

Dahlby, B, Edgar, T., Li, J. and Macnaughton, A [2012] "Current Tax Reading" *Canadian Tax Journal*, Vol. 60, No. 1, pp. 257－274.

Devereux, M. P. [2012] "Issues in the Design of Taxes on Corporate Profit", *National Tax Journal*, Vol. 65, No. 3, pp. 709－730.

Diamond, P. [1998] "Optimal Income Taxation : An Example with a U-Shaped Pattern of Optimal Marginal Tax Rates" *American Economic Review*, Vol. 88, No. 1, pp. 83－95.

Diamond, P. and Saez, E. [2011] "The Case for a Progressive Tax : From Basic Research to Policy Recommendations" *Journal of Economic Perspectives*, Vol. 25, No. 4, pp. 165－190.

Eissa, N. and Hoynes, H. [2011] "Redistribution and Tax Expenditures : The Earned Income Tax Credit" *National Tax Journal*, Vol. 64, pp. 689－730.

Erosa, A. and Gervais, M. [2002] "Optimal Taxation in Life-Cycle Economies" *Journal of Economic Theory*, Vol. 105, pp. 338－369.

Feldstein, M. [1978] "The Welfare Cost of Capital Income Taxation" *Journal of Political Economy*, Vol. 86, No. 2, pp. 29－51.

Feldstein, M. [2012] "The Mirrlees Review", *Journal of Economic Literature*, Vol. 50, No. 3, pp. 781－790.

Forum : [2012] "The Mirrlees Review", *National Tax Journal*, Vol. 65, No. 3, pp. 653－654.

Gelber, A. and Weizierl, M. [2016] "Optimal Taxation When Children'Abilities Depend on Parents' Resources" *National Tax Journal*, Vol. 69, No. 1, pp. 11－40.

Gemmell, N. and Ratto, M. [2012] "Behavioral Responses to Taxpayer Audits : Evidence from Random Taxpayer Inquiries" *National Tax Journal*, Vol. 65, No. 1, pp. 33－58.

Gustman, A. L. Steinmeier, T. L. and Tabatabai, N. [2017] "Means Testing Social Security : Income and Wealth" *National Tax Journal*, Vol. 70, No. 1, pp. 111－132.

Johns, A. and Slemrod, J. [2010] "The Distribution of Income Tax Noncompliance" *National Tax Journal*, Vol. 63, No. 3, pp. 397－418.

Jones, R. S. and Fukawa, K. [2017] "Ensuring Fiscal Sustainability in Japan in the Context of a Shrinking and Ageing Popuration" *OECD Economics Department Working Papers*, No. 1413, pp. 1－54.

Judd, K. [1985] "Redistributive Taxation in a Simple Perfect Foresight Model," *Journal of Public Economics*, Vol. 28, pp. 59－83.

Kumar, A. and Liang, C. "Declining Female Labor Supply Elasticities in The United States and Implication for Tax Policy : Evidence from Panel Data" *National Tax Journal*, Vol. 69, No. 3, pp. 481－516.

Mbara, G., Tyrowicz, J. and Kokoszczynski, R. [2017] Striking A Balance : Optimal Tax Policy with Labor Market Duality". *IIPF 73rd Annual Congrss*, August 2017, Tokyo, Japan.

Meade, J. E. (chair) [1978] *The Structure and Reform of Direct Taxation : Report of a Committee Chaired by Professor J. E. Meade*, London, Allen and Unwin.

Milligan, K. [2011] "The Design of Tax Policy in Canada : Thoughts Prompted by Richard Blundell's'Emprical Evidence and Tax Policy Design'", *Canadian Tax Journal*, Vol. 44, pp. 1184－1194.

Mirrlees, J. [1971] "An Exploration in the Theory of Optimum Income Taxation," *Review of Economic Studies*, Vol. 28, No. 2, 175－208.

Mirrlees, J. (chair) [2010] *Dimensions of Tax Design : The Mirrlees Review*, Oxford University Press.

Mirrlees, J. (chair) [2011] *Tax by Design : The Mirrlees Review*, Oxford, University Press.

Mirrlees, J. (chair) Adam, S., Besley, T., Blundell, R., Bond, S., Chote, R., Gammie, M., Johnson, P., Myles, G. and Poterba, J. [2012] "The Mirrlees Review : A Proposal for Systematic Tax Reform", *National Tax Journal*, Vol. 65, No. 3, pp. 655－684.

Moore, K. B., Pack, S. J. and Sabelhaus, J. [2016] "Taxing Income of Top Wealth Holders" *National Tax Journal*, Nol. 69, No. 4, pp. 965－980.

Moulton, J. G., Graddy-Reed, A. and Lanahan, L. [2016] "Beyond the EITC : The Effect of Reducing the Earned Income Tax Credit on Labor Force Participation" *National Tax Journal*, Nol. 69, No. 2, pp. 261－284.

Musgrave, R. A. [1959] *The Theory of Public Finance*, McGraw-Hill（木下和夫監修大阪大学財政研究会訳［1961］『財政理論（Ⅰ)』有斐閣.

Peter, S. K., Buttrick, S. and Duncan, D. [2010] "Global Reform of Personal Income Taxation, 1981－2005 : Evidence From 189 Countries" *National Tax Journal*, Vol. 63, No. 3, pp. 447－478.

Saez, E. [2001] "Using Elasticities to Derive Optimal Income Tax Rates," *Review of Economic Studies*, Vol. 68, pp. 205－229.

Saez, E. [2002] "The Desirability of Commodity Taxation under Non-Linear Income Taxation and Heterogeneous Tastes," *Journal of Public Economics*, Vol. 83, pp. 217－230.

Sadka, E. [1976] "On Income Distribution, Incentive Effects and Optimal Income Taxation," *The Review of Economic Studies*, Vol. 43, No. 2, pp. 261－267.

Samuelson, P. A., and Nordhaus, W. D. [2010] *Economics*, 19th Edition, McGraw-Hill.

Seade, J. K. [1977] "On the Shape of Optimal Tax Schedules," *Journal of Public Economics*, Vol. 7, No. 2, pp. 203－235.

Smailes, D. [2010] FCA, *Tolley's Income Tax 2010-11*, Lexis Nexis.

Summers, L. H. [1981] "Capital Taxation and Accumulation in a Life Cycle Growth Model." *American Economic Review*, Vol. 71, No. 4, pp. 533－544.

"The Welfare Reform Act 2012" in the United Kingdom.

Wingender, P. and LaLumia, S. [2017] "Income Effects on Maternal labor Supply : Evidence from Child-Related Tax Benefits" *National Tax Journal*, Vol. 70, No. 1, pp. 11－52.

石　弘光［2008］『現代税制改革史』東洋経済新報社。

石　弘光［2014］『国家と財政』東洋経済新報社。

石山嘉英［1998］『超高齢化社会の経済学―低成長と高負担を生きのびる―』日本評論社。

石山嘉英［2016］『ケインズの大遺産―財政・金融・通貨政策の源流―』財経詳報社。

伊藤元重［2001］『入門経済学』（第2版）日本評論社。

井堀利宏［2013］『財政学』（第4版）新世社。

入谷　純・岸本哲也［1996］『財政学』八千代出版。

入谷　純［2008］『財政学入門』（第2版）日本経済新聞出版社。

大澤美和［2015］「マーリーズ・レビューの研究（5）―"Tagging"による税デザイン―」『CUC Policy Studies Review』No. 40。

大澤美和［2020］「イングランドにおける地方歳入の研究」『実践女子大学人間社会学部紀要』第16集。

大澤美和［2020］「英国におけるカウンシル税の研究―マーリーズ・レビュー提案を中心として―」『地方自治研究』Vol. 35，No. 1。
尾崎　護［1993］『G 7の税制』ダイヤモンド社。
貝塚啓明［1991］『日本の財政金融』有斐閣。
柏木　恵［2014］『英国の国営医療改革』日本評論社。
加藤慶一［2012］「消費税の逆進性とその緩和策―消費税をめぐる論点①―」『調査と情報』第749号。
鎌倉治子［2009］「諸外国の課税単位と基礎的な人的控除―給付付き税額控除を視野に入れて―」『レファレンス』。
鎌倉治子［2010］「諸外国の給付付き税額控除の概要」『調査と情報』第678号。
神吉知郁子［2013］「最低賃金と社会保障の一体的改革における理論的課題―イギリスの最低賃金と給付つき税額控除，ユニバーサル・クレジットからの示唆―」*RIETI Discussion Paper Series*，13-J-028。
企業活力研究所［2010］『マーリーズ・レビュー研究会報告書』。
岸本哲也［1998］『公共経済学』（新版）有斐閣。
栗林　隆［2005］『カーター報告の研究』五絃舎。
栗林　隆ほか編著［2020］『財政学』（第五版）創成社。
国立国会図書館［2013］「諸外国の公的扶助制度―イギリス，ドイツ，フランス―」*ISSUE BRIEF*，No. 789。
佐藤主光［2011］｛所得税・給付つき税額控除の経済学―「多元的負の所得税」の構築―｝『フィナンシャル・レビュー』第102号。
佐藤主光［2011］「グローバル経済における税制の在り方：所得課税から消費課税への転換」『一橋経済学』第5巻第1号。
柴　由花［2014］「所得控除から税額控除への変更による効果―海外事例研究　オランダ所得税改正の影響―」『フィナンシャル・レビュー』第118号。
白石浩介［2010］「給付つき税額控除による所得保障」『会計検査研究』No. 42。
鈴木将覚［2014］「所得税に関する議論のサーベイ」『フィナンシャル・レビュー』第118号。
政府税制調査会［2009］『海外調査報告（ドイツ・イギリス・オランダ)』。
政府税制調査会［2016］『海外調査報告（オランダ・ドイツ・スウェーデン)』。
高松慶裕［2013］「Mirrlees型の動学的最適所得税の展開―資本所得税の役割に注目して―」『証券経済研究』第81号。
高松慶裕［2016］「就業選択モデルに基づく最適所得税の展開」『静岡大学経済研究（浅利一郎教授退任記念号)』第20巻第4号。
高山憲之・白石浩介［2016］「配偶者控除見直しに関するマイクロシミュレーション（Ⅰ)」『年金研究』No. 5。
高山憲之・白石浩介［2017］「配偶者控除見直しに関するマイクロシミュレーション（Ⅱ)」『年金研究』No. 6。
田近栄治［2002］「資本所得課税の展開と日本の選択」『フィナンシャル・レビュー』。

大和総研［2012］『英国における福祉依存脱却の試み　ユニバーサル・クレジットの導入は成功するか？』。
東京財団政策研究部［2008］『税と社会保障の一体化の研究―給付つき税額控除の導入―』。
東京財団政策研究部［2010］『「給付付き税額控除　具体案の提言」～バラマキではない「強い社会保障」実現に向けて～』。
内閣府［2002］「海外諸国における経済活性化税制の事例について」内閣政策統括官『政策効果分析レポート』No. 12。
内閣府［2016］『第2回　税制調査会（2016年9月15日）資料「財務省説明資料（所得税)」3／3」』。
能勢哲也［1986］『現代財政学』有斐閣。
平部康子［2012］「イギリスにおける社会保障給付と財源の統合化」『海外社会保障研究』No. 179。
藤原一哉［2014］「マーリーズ・レビューの世界その3」『商学論集』第82巻第4号，福島大学経済学会。
米国経済白書［2003］『エコノミスト』81巻，27号，毎日新聞社。
みずほ総合研究所［2010］『マーリーズ・レビューの税制改革案～ミード報告以来30年ぶりの抜本的税制改革案～』。
宮島　洋［1989］『租税論の展開と日本の税制』日本評論社。
宮本憲一・鶴田廣巳・諸冨　徹編［2014］『現代租税の理論と思想』有斐閣。
森信茂樹［2002］「二元的所得税とわが国への政策的インプリケーション」『フィナンシャル・レビュー』。
森信茂樹［2007］「米・英の給付付き税額控除に学ぶ」『国際税制研究』No. 18。
森信茂樹［2008］『給付つき税額控除　日本型児童税額控除の提言』中央経済社。
森信茂樹［2009］「先進国の標準税制としての給付付き税額控除」『税研』145号。
森信茂樹［2010］「給付付き税額控除の具体的設計」『税経通信』。
森信茂樹［2010］『日本の税制』岩波書店。
森信茂樹［2012］「給付付き税額控除の検討」『税理』Vol. 55。
森信茂樹［2015］『税で日本はよみがえる』日本経済新聞社出版。
森信茂樹［2016］「配偶者控除見直し：税負担の損得論を越えよ」『日本経済新聞　経済教室』10月12日。
諸冨　徹［2009］『グローバル時代の税制改革―公平性と財源確保の相克―』ミネルヴァ書房。
土居丈朗［2016］「配偶者控除見直しで焦点となる増減税の境目」東洋経済ONLINE，9月5日号。http://toyokeizai.net/articles/-/ 13448（2017／10／29）

参考URL
財務省ホームページ
http://www.mof.go.jp/tax_policy/summary/financial_securities/kabu02.htm（2018／01／09）
http://www.mof.go.jp/tax_policy/summary/financial_securities/risi02.htm（2016／07／08）
http://www.mof.go.jp/tax_policy/summary/financial_securities/risi03.htm（2016／07／08）
http://www.mof.go.jp/tax_policy/summary/financial_securities/kabu04.htm（2016／07／08）
http://www.mof.go.jp/tax_policy/summary/income/029.htm（2016／10／25）

索　引

【あ】

【い】

【え】

【お】

【か】

【き】

【く】

【け】

【こ】

【さ】

【し】

【す】

【せ】

【そ】

【た】

【ち】

【ふ】

【へ】

【ほ】

【ま】

【み】

【む】

【も】

【ゆ】

【よ】

【ら】

【り】

【る】

【れ】

【ろ】

【わ】

著者紹介

大澤　美和（おおさわ・みわ）

1966年　生まれ。
1989年　白百合女子大学文学部英文学科卒業。
2018年　千葉商科大学大学院政策研究科博士課程修了，博士（政策研究）。
現　在　千葉商科大学非常勤講師，大東文化大学非常勤講師。
主　著　「マーリーズ・レビューの研究（5）―"Tagging"による税デザイン―」千葉商科大学『CUC Policy Studies Review』No. 40，2015年。
「イングランドにおける地方歳入の研究」実践女子大学『人間社会学部紀要』第16集，2020年。
「英国におけるカウンシル税の研究―マーリーズ・レビュー提案を中心として―」日本地方自治研究学会『地方自治研究』Vol. 35，No. 1，2020年。
『財政学』（共著）創成社，2020年。

個人所得税の改革と展望
マーリーズ・レビュー提案を中心に

2020年12月10日　　初版第1刷発行

著　者　**大澤　美和**
発行者　**大坪　克行**
発行所　**株式会社　泉　文　堂**
〒161－0033　東京都新宿区下落合1－2－16
電話 03－3951－9610　FAX 03－3951－6830

印刷所　**光栄印刷株式会社**
製本所　**牧製本印刷株式会社**

ISBN 978－4－7930－0465－0　C3033